中国名泉

○ 主编 金开诚

○ 编著 陈长文

吉林出版集团

吉林文史出版社

图书在版编目（CIP）数据

中国名泉／金开诚著．－－长春：吉林文史出版社，2011.10（2023.4重印）
（中国文化知识读本）
ISBN 978－7－5472－0887－8

Ⅰ．①中… Ⅱ．①金… Ⅲ．①泉－介绍－中国
Ⅳ．①K928.4

中国版本图书馆CIP数据核字（2011）第209674号

中国名泉

ZHONGGUO MINGQUAN

主编／金开诚　编著／陈长文

项目负责／崔博华　责任编辑／崔博华　梁丹丹

责任校对／梁丹丹　装帧设计／李岩冰　董晓丽

出版发行／吉林出版集团有限责任公司　吉林文史出版社

地址／长春市福祉大路5788号　邮编／130000

印刷／天津市天玺印务有限公司

版次／2011年10月第1版　印次／2023年4月第3次印刷

开本／660mm×915mm　1/16

印张／9　字数／30千

书号／ISBN 978－7－5472－0887－8

定价／34.80元

编委会

主 任：胡宪武

副主任：马　竞　周殿富　董维仁

编　委（按姓氏笔画排列）：

于春海　王汝梅　吕庆业　刘　野　孙鹤娟

李立厚　邴　正　张文东　张晶昱　陈少志

范中华　郑　毅　徐　潜　曹　恒　曹保明

崔　为　崔博华　程舒伟

前　言

　　文化是一种社会现象，是人类物质文明和精神文明有机融合的产物；同时又是一种历史现象，是社会的历史沉积。当今世界，随着经济全球化进程的加快，人们也越来越重视本民族的文化。我们只有加强对本民族文化的继承和创新，才能更好地弘扬民族精神，增强民族凝聚力。历史经验告诉我们，任何一个民族要想屹立于世界民族之林，必须具有自尊、自信、自强的民族意识。文化是维系一个民族生存和发展的强大动力。一个民族的存在依赖文化，文化的解体就是一个民族的消亡。

　　随着我国综合国力的日益强大，广大民众对重塑民族自尊心和自豪感的愿望日益迫切。作为民族大家庭中的一员，将源远流长、博大精深的中国文化继承并传播给广大群众，特别是青年一代，是我们出版人义不容辞的责任。

　　本套丛书是由吉林文史出版社组织国内知名专家学者编写的一套旨在传播中华五千年优秀传统文化，提高全民文化修养的大型知识读本。该书在深入挖掘和整理中华优秀传统文化成果的同时，结合社会发展，注入了时代精神。书中优美生动的文字、简明通俗的语言、图文并茂的形式，把中国文化中的物态文化、制度文化、行为文化、精神文化等知识要点全面展示给读者。点点滴滴的文化知识仿佛颗颗繁星，组成了灿烂辉煌的中国文化的天穹。

　　希望本书能为弘扬中华五千年优秀传统文化、增强各民族团结、构建社会主义和谐社会尽一份绵薄之力，也坚信我们的中华民族一定能够早日实现伟大复兴！

目录

一、名泉与中华文明

　　涓涓泉水，不舍昼夜，在人类文明史上是不容忽视的。古人多逐水而居，而泉水大多是江河湖泽之源，是江河湖泽的重要补给来源，如山西晋祠的难老、善利、圣母三泉是晋水的源头，河南卫辉的百泉是卫河的源头，山东珠龙泉、秋谷泉、良庄泉是孝妇河的水源；济南的大明湖由城内诸泉会聚而成，而在远离河流的山区或是丘陵地带，泉水就更显得弥足珍贵，或

是重要的饮用水源，或用于灌溉田地，甚至是造就一方文明的重要因素。

（一）泉对人类的恩惠

1.饮用之利

泉水因矿化度低、水质清洁、甘冽醇厚、水温稳定而成为人们理想的饮用水源。古往今来，泉区人民都以泉水为生活用水之源，就连封建帝王，也对甘醇的泉水情有独钟，如北京的玉泉水，因其水质上佳，在明清两代一度成为宫廷皇室用水专供水源。

名泉总与名茶、好酒相随。我国茶文化发达，而泉水往往是煮茶用水的最佳选择，茶与泉水相得益彰，珠联璧合，才能称之上品。许多名泉如谷帘泉、玉泉、惠山泉等之所以有名，与历代茶人品茶论水的推崇有直接的关系。而上生的泉水较河湖等地表水而言，具有水质清洁、味美甘醇、矿化度适中的特点，成为佳酿的重要条件，谚曰：名泉出名酒，许多名酒如贵州的茅台、山西的汾酒等，都离不开当地泉水的甘醇。

2.灌溉之便

泉对农业而言，是灌溉重要来源之一，可以惠于一方。有"山西小江南"之誉的晋祠灌区，利用晋祠中难老、善利等汩汩流出的泉水，灌溉着周围的良田。据《太平寰宇记》载："开皇六年，引晋水溉稻田，周回四十一里。"至今仍挂在晋祠圣母殿两侧的对联亦这

样写道："溉汾西千顷田，三分南七分北，浩浩同流，数十里淆之不浊；出瓮山一片石，冷于夏温于冬，冽冽有本，亿万年与世长清。"

3.游玩之所

凡有泉的地方一般都是景色秀美之所在，泉涌或成涧溪，或成瀑布，或潴积成潭池，而且往往与泉区的青山碧树、亭台楼阁等景观相映衬，成为一方名胜。许多名泉都凭借优美的自然风光和人文景观成为闻名遐迩的游览胜地。如"泉城"济南，自古以来，泉水不仅为居民生活提供了源源不断的清流活水，更留下了无数风景胜境。

金代立"名泉碑"，列七十二泉，济南因此有"泉城"之名。济南之泉主要由趵突泉、黑虎泉、珍珠泉、玉龙潭四大泉群组成。众泉之中，除了有天下第一泉盛誉的趵突泉外，珍珠泉是济南的又一著名胜迹。泉池约一亩见方，泉水明净清澈，一串串水珠从泉底涌出，如珠如玑，故名珍珠泉。人们形容这里的景观是"跳珠溅雪碧玲珑"。而由珍珠泉、芙蓉泉、王府池等诸泉水潴集而成的大明湖，一湖烟水，荷花映日，绿树蔽空，景色绝佳。清人刘凤浩吟咏这里的景色道："四面荷花三面柳，一城山色半城湖。"

江西庐山幽谷深涧，多深潭名泉，如谷帘泉、招贤泉、龙池山顶泉、小天池泉、聪明泉等泉水，清醇甘冽，给清秀的庐山平添了生机与灵气，成为让游人流连忘返

的重要景观。而享有天下第一、第二泉之盛誉的名泉，不论是趵突泉、中泠泉、谷帘泉，还是玉泉、惠山泉，都是游玩的好去处。

4.温泉祛病

资料表明，温泉热浴不仅可使肌肉、关节松弛，消除疲劳；还可扩张血管，促进血液循环，加速人体新陈代谢。此外，大多数温泉中都含有丰富的化学物质，对人体有所帮助，如温泉中的碳酸钙对改善体质、恢复体力有一定的作用。

我国温泉有文献记载者多达972处，

其中温度高于50℃的就有29个。经地质普查，据初步统计，现全国各省市、自治区已发现温泉达3000多处。我国劳动人民发现和应用温泉治病，已有数千年的悠久历史。早在先秦的《山海经》里就有对温泉的记载。郦道元《水经注》多次提到温泉可以"治百病"，如"鲁山皇女汤，可以熟米，饮之愈百病，道士清身沐浴，一日三次，多么自在，四十日后，身中百病愈"，真实地记载了温泉的保健作用。又如"大融山石出温汤，疗治百病"，"温水出太一山，其水沸涌如汤。杜彦回曰，可治百病，水清则病愈，世浊则无验"等，都说明当时人们就对温泉的医疗价值有了一定的认识和研究。

众多温泉，以陕西华清池最富盛名。秦始皇、唐太宗、唐玄宗等帝王，都与之结缘。2700年前的西周时期，这里的温泉已被发现，名为"星辰汤"。秦始皇曾在此修筑离宫，引泉入室，起名"骊山汤"。

唐玄宗天宝六年 (747年)，又在此大兴土木，就山势兴建行宫，改名为"华清宫"，规模更为宏伟富丽，有二阁、四门、四楼、五汤、十殿。唐玄宗每年冬天携杨贵妃来此游宴、沐浴。从开元二年到天宝十四年间 (714—755年)，唐玄宗共正式出游华清宫36次，临时短期出游不计其数。诗人白居易曾在名诗《长恨歌》中赋："春寒赐浴华清池，温泉水滑洗凝脂。"

（二）名泉与诗文

名泉胜迹，多美文佳作、名人趣事逸闻，这无疑增添了名泉的魅力，大大丰富了华夏泉文化的内涵。

趵突泉名满神州，留下的题咏无数。有名的文化人曾巩、李清照、赵孟頫、蒲松龄、吴伟业等都曾为之题词吟咏。元代大书画家、诗人赵孟頫曾出任同知济南路总管府事，他写过一首题为《趵突泉》的七言律诗，诗曰："泺水发源天下无，平

地涌出白玉壶。谷虚久恐元气泄，岁旱不
愁东海枯。云雾润蒸华不注，波涛声震大
明湖。时来泉上濯尘土，冰雪满怀清兴
孤。"作者以清新的笔调着力渲染了喷涌
不息、波涛激荡的气势。还有一副无名氏
题的楹联写趵突泉，堪称神来之笔："空
洞洞天，作飞飞响。活泼泼地，故源源
来。"泉水奔腾跳跃，水声飞飞上扬。清
泉从平地涌出，喷涓若轮，地也因此而活
泼。成此若云沸之势，皆因为有源头活水
来。楹语不多，却极为生动形象地表现出
趵突泉的天然灵秀和神韵。

再如山西晋祠之中的难老泉，景色甚
佳，历代名人多咏颂。诗人李白曾作《忆
旧游寄谯郡元参军》一诗，用比喻与白
描的手法渲染了晋水之美，其中"晋祠流
水如碧玉""微波龙鳞莎草绿""百尺清
潭写翠娥"等句，都是脍炙人口的名句。
其他如明代杨基的《观晋祠录》、孙玉的
《游晋词》、清代王尔详的《难老泉和

韵》、于汉翔的《难老泉》等诗文,也从不同角度描写泉水之秀美。

其他名泉也多有诗文的题咏。如唐人李端咏山西霍泉道:"碧水映丹霍,溅溅度浅沙。暗通山下草,流出洞中花。"(《霍泉》)宋代苏东坡咏虎跑泉道:"亭亭石塔东峰上,此老初来百神仰。虎移泉眼趋行脚,龙作浪花供抚掌。至今游人灌濯罢,卧听空阶环玦响。故知此老如此泉,莫作人间去来想。"(《虎跑泉》)清康熙皇帝咏中泠泉道:"静饮中泠水,清寒味日新。顿令超象外,爽豁有天真。"

（三）名泉与神话

由于认识水平有限，古人认为泉乃"天赐之物，地藏之源"，把泉水看做上天的恩赐，看做神水。于是，与名泉相关的美丽动人的神话传说，给名泉平添了丰富多彩的文化内涵。

有天下沙漠第一泉之称的敦煌月牙泉，人们对其流沙永远填不住清泉的神奇作出的解释是：相传在很久以前，敦煌一带是一望无际的大戈壁，没有鸣沙山，也没有月牙泉。有一年这里大旱，树木庄稼都枯死了，老百姓干渴难忍，哀声遍野。美丽善良的白云仙子路过这里，听到人们这撕心裂肺的哭声，禁不住掉下了同情的眼泪。泪珠落地化为清泉，解救了在干渴中挣扎的百姓。为了回报白云仙子的大恩大德，人们修了五座庙宇供奉白云仙子。没想到这一举动惹恼了神沙观里的神沙大仙，他抓起一把黄沙一扬，想化作沙山埋掉清泉，赶走夺他香火的白云仙子。后来白云仙子从嫦娥那里借来一弯新月，新月降至鸣沙山的谷地化为清澈的月牙泉。神沙大仙刮起大风吹动流沙去填月牙泉，嫦娥用法术把填泉的沙吹上山顶。后来，任凭神沙大仙使尽妖术填泉，但那一泓清泉始终安然无恙，气得神沙大仙咆哮如雷，沙山因此而鸣响。

济南的珍珠泉也颇具传奇色彩。人们传说，珍珠泉的串串"珍珠"是当年舜的两个妃子——娥皇和女英的眼泪所化。远古时代，历山（今千佛山）下出了一个大

贤人——舜，他自小就跟着当地百姓在山下耕种，在群体生活中逐渐显示出超人的品格和才能，三十多岁就被人们推举为首领。尧听说后把自己的两个女儿娥皇和女英嫁给舜，以后连国君之位也禅让于舜。舜勤于政事，常四方巡视。有一年，舜远行南方，而山东一带遭受了大旱，娥皇、女英便带领父老兄弟早晚祈祷上天降雨，但姐妹二人膝盖跪出了血，天空仍没有一丝云影。姐妹俩又带领大家向龙王要水，人人双手都磨出血泡，终于挖出一口深井。正在这时，南方传来舜帝病倒于苍

Rehe Spring
It is the headstream
of Rehe river,not frozen
perennially.Chengde river
named Rehe and the Mountian
Resort named Rehe Xanadu.
Just for the spring.

梧的消息，娥皇、女英当即起程南行。看着挥泪话别的人们，她们禁不住一串串泪珠洒落大地。突然，"哗啦"一声，泪珠滴处，冒出一股股清泉，泉水如同一串串珍珠汩汩涌出，这就是今天的珍珠泉。后人有诗曰："娥皇女英异别泪，化作珍珠清泉水。"

吉林长白山温泉，水温高达摄氏七八十度，一年四季涌动不息，即使在严寒的冬季，温泉水依然流淌在皑皑的白雪中。对于这里温泉的形成，当地流传着一个生命化温泉的动人故事。据说在很早的时候，这里的泉水不是热的，而是凉的。一年冬天，一个赶车的把式路过此地，路遇一位饥寒交迫的老人。善良的车把势不但将自己的干粮送给老人吃，还找来柴草给老人生火取暖。车把势自己又渴又饿，只好吃雪解渴充饥。老人非常感激车把式的善举，更从火里抽出柴禾，想烧化冰封的泉眼，弄出些泉水来喝，可是烧了半天毫无成效。最后，老人乘车把势不注意，双手抱起柴禾，咕咚一声跳进泉眼里去了。一会，就见泉水咕嘟、咕嘟地翻着花，像开锅般冒着热气，滚滚地流了出来。人们说，是老人的生命化作了奔涌不息的温泉水。

有"关外第一泉"之称的河北赤城温泉，关于其由来，有一个美丽的传说：古时，天上有12个太阳炙烤大地，一个叫二郎的小伙子力大无穷，担起12座大山追太阳。追上一个就用大山压住，当剩下最后一个太阳时，勇敢的二郎累死了，天上就

剩下如今这一个太阳了。而那11个太阳中的一个就压在赤城，底下的泉水被太阳烤热，就成了现在的温泉。温泉附近有两座小山，人称二郎墩，传说是二郎歇脚时，从鞋里倒出来的沙子形成的。

（四）名泉与风物民俗

在神州大地上，许多地名、人名、风土人情等都与泉水有关，可见泉水对人们生活的许多方面都有着深刻的影响。

许多地方以泉闻名，如"泉城"济南，城区内外2.6平方公里的区域内，计有108处清泉涌流，不但泉眼众多、泉量巨大，而且泉质上佳。元代于钦《汇波楼记略》云："济南山水甲齐鲁，泉甲天下。"再如福州，因温泉数量多、水质佳，而有"温泉之城"之名。历史文化名城泉州，其"泉州"城名，顾名思义，无疑也是由泉而得。泉州的清源山，位于泉州市北郊，山势巍峨挺拔，翠峰层叠，绵亘数十里，

宛若一道翠障，拱卫着泉州古城。山上奇岩怪石，林泉洞壑，风景十分秀美，山上有孔泉，泉清而甘美，又名虎乳，据传泉州"乃因清源山之虎乳山泉湛然澄清而得名"。甘肃酒泉市之名，也与"酒泉"泉水之名有关。酒泉位于酒泉市东关酒泉公园内，酒泉古称"金泉"。据《汉书·地理志》载，"其水若酒，故曰酒泉"。民间传说，汉武帝时，骠骑大将军霍去病在河西走廊大胜匈奴。汉武帝闻讯后，专门派使者从京都长安送御酒十坛到军前，以表彰霍去病的赫赫战功。霍去病爱兵如子，不愿独享御酒。但酒少人多，不够分配。于是便将御酒倒入泉中，与将士们在泉边一起畅饮"泉酒"。此后金泉改名为"酒泉"，此地也改名为"酒泉"。另外，河北承德古称热河，其名源于避暑山庄内的热河温泉流涌形成的河流——热河。

以人名闻名的名泉，

也不计其数。如江西上饶的陆羽泉，湖北宜昌的陆游泉，杭州西湖的六一泉，山东淄博的柳泉，等等。陆羽泉又名"天下第十四泉"，位于江西上饶广教寺内，"茶圣"陆羽曾在广教寺隐居多年，在此开凿一井泉，当时品为"天下第十四泉"。传说陆羽曾在此作传世名作《茶经》，后人为了纪念他而称其为陆羽泉。陆游泉位于长江西陵峡山腰，距宜昌市约10千米。泉水清澈如镜，透亮见底，不枯竭，冬不结冰，取而复满，常盈不溢，用其煮茶，醇香适口。南宋大诗人陆游因家国沦陷、报国无门, 曾寄情于此, 品茶赋诗: "汲取满瓶牛乳白, 分流触石珮声长。囊中日铸传天下, 不是名泉不合尝。"泉由是得名"陆游泉"。六一泉位于杭州西湖孤山南麓, 为宋代文学家苏轼于元祐四年 (1089年) 任杭州知府时, 为纪念诗人欧阳修 (号六一居士) 而命名。柳泉位于山东淄博市蒲家庄东鏊沟中, 沟内绿柳成荫, 故名"柳泉"。相传当年蒲松龄 (自号柳泉居士) 为写《聊斋志异》一书, 曾在此设茶待客, 与人谈狐说鬼, 搜集创作素材。

有些名泉, 被赋予了一定的道德和伦理意趣。贪泉位于广州市西北 5 千米的名胜石门。史载, 人如果误饮贪泉就会贪婪成性。廉泉位于合肥包公祠内, 是为了纪念为官清廉、铁面无私的一代名臣包拯而掘的。盗泉, 坐落在今山东泗水县的东北,《淮南子·说山训》说: "曾子立廉, 不饮盗泉。"旧常以"盗泉之水"比喻以不正当的手段获取的东西。

二、名泉的分类

泉，包括名泉，都是特定地质环境下地下水循环的产物，因地下水的赋存条件如地形、地质、水文等不同，造成泉的类别的不同。

泉的分类方法很多，按照泉水出露时水动力学性质可将泉分为上升泉和下降泉两大类。上升泉由承压水补给，在泉出口附近水流在压力作用下呈上升运动，冒出地面，有时可喷涌高出泉口数十厘

米。上升泉流量比较稳定，水温年变化比较小，如趵突泉。下降泉潜水或上层滞水补给，地下水在重力作用下溢出地表，在出露口附近水流往往做下降运动，一般从侧向流出，泉水流量和水温等往往呈明显的季节性变化。

此外，按泉的涌出状态，可分为长流泉和间歇泉；按泉的成因可分为：接触泉、侵蚀泉、溢出泉和断层泉；按含水层的空隙状态可以分为: 岩溶泉、溢隙泉和孔隙泉; 按泉水的温度, 可分为冷泉和温泉, 我国一般以25℃为界, 泉水温度低于25℃的称冷泉, 高于25℃的则称温泉, 具体来说, 按温度又分冷泉 (低于25℃)、微温泉 (25℃—33℃)、温泉 (34℃—37℃)、热泉 (38℃—42℃) 和高热泉 (高于42℃) , 不难看出, 这是根据人对水温的适宜度来划分的。一般来说, 名泉更注重的是人文因素和景观价值, 为了叙述的方便和逻辑的清晰, 本书按冷泉和温泉来对名泉归类, 有特色的名泉则又独立成章。

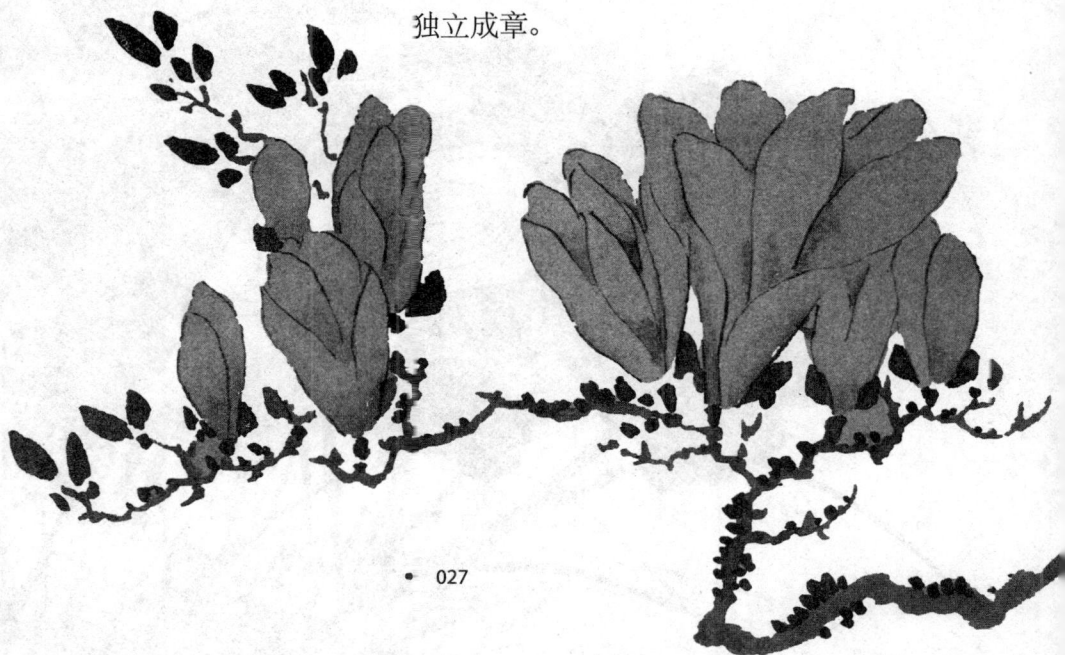

三、三大名泉

（一）不分伯仲的天下第一泉

广袤的神州大地，名泉星罗棋布。就拿冷泉来说，仅被称为"天下第一泉"的就有好几处，"天下第一泉"，本应该是普天之下独一无二，然而，事实并非如此，被称为"天下第一泉"的名泉有：江西庐山的谷帘泉、江苏镇江的中泠泉、北京西郊的玉泉、山东济南的趵突泉、四川峨眉

玉液泉等。各泉因评定方法不同,加之地域限制、社会历史、文化风俗等因素影响而享有美誉,因而美誉的由来是不同的。谷帘泉因"茶圣"陆羽遍尝天下名泉而以谷帘泉为最佳得名;而据唐朝张又新著《煎茶水记》载,镇江的中泠泉排名第一;北京玉泉山的玉泉,则传说是乾隆皇帝命人收集全国名泉水样,用称量的方法与玉泉水进行比较,结果玉泉水最轻,所含杂质最少,水质最佳,故而又称"天下第一泉";后来又传说清乾隆皇帝南游途经济南时品饮了趵突泉水,觉得比玉泉水更加甘冽爽口,于是赐封趵突泉为"天下第一泉";玉液泉则被苏轼、黄庭坚等称为"第一泉"。

1.谷帘泉

(1) 简介

谷帘泉位于庐山主峰大汉阳峰南康王谷中(今星子县境内)。康王谷又名庐山垅,位于庐山南山中部偏西,是一条

长达7千米的狭长谷地。《星子县志》载:"昔始皇并六国，楚康王昭为秦将王翦所窘，逃于此，故名。"康王谷中那条溪涧的源头，就是谷帘泉。谷帘泉又称三叠泉、三级泉，当地百姓也称之为"渊明醒酒泉"。谷帘泉来自大汉阳峰，从筲箕洼破空跌落于枕石崖上，流水与岩石相碰撞，激起水珠喷洒飞溅，如雨如雾，纷纷数百缕，恰似一幅琼布悬在山中，在阳光下五光十色，晶莹夺目。

(2) 来历

相传唐代"茶圣"陆羽 (733—804年) 将天下名水排出二十品次，将谷帘泉列为天下第一泉。陆羽以嗜茶著称，撰世界第一部研究茶叶专著《茶经》，世称"茶圣"，他对泡茶的水很有研究。他遍游祖国的名山大川，品尝各地的碧水清泉，按冲出茶水的美味程度，将泉水排了名次，确认庐山的谷帘泉为"天下第一泉"，江苏无锡的惠山泉为"天下第二泉"……陆羽还两次结庐隐居于康王谷，从事品茶鉴水的研究活动。谷帘泉经陆羽评定，声誉倍增，驰名四海。

庐山有一大名产，即驰名海内外的庐山云雾茶。这种茶在生长过程中因受到山上长时间的云雾滋润，其芽叶肥壮，叶质嫩软，白毫显露，浓郁清香。如果说杭州有"龙井茶叶虎跑泉"双绝的话，那么，庐山上的"云雾茶叶谷帘泉"，也被茶界称为珠璧之美。

(3) 景观

谷帘泉位于康王谷底，笃里钱村右下方，与筲箕洼毗邻。泉水源自汉阳峰，据志书记载："泉水西行为枕石崖所阻，湍怒喷涌，散落纷纭，数十百缕，斑驳如玉帘，悬注三百五十丈，故名谷帘泉，亦匡

庐第一观也。"自从唐代陆羽寻访庐山，踏勘此地，曾说"谷帘泉水为天下第一"以来，吸引了不少文化精英慕名而至。后任南康知军的朱熹则生怕谷帘泉过于寂寞，利用门身"地方长官优势"和"名人效应"，在过观口山门前行500米的地方，也就是"回马石"附近，用隶体书写"谷帘泉"三字，刻于涧旁崖壁之上，以此招徕游客。

谷帘泉瀑崖高数十米，宽十几米，崖壁腹部平整稍凸，飞瀑能依壁而下形成"帘"式结构，"帘"与"帘"之间，以水柱相隔，初分五道，至中部，复成七道，中无空隙，形成统一的特大的"帘"体。又因泉流下泻迅疾，互相摩擦碰撞，迸发出千万颗微型粒状水珠，女人们称其为"谷帘泉"，十分形象而生动地概括了这一奇观。其左侧崖壁刻"天下第一泉"五个大字，

实在是为这一奇观壮色的神来之笔。从美学角度看，在观瀑亭观瀑，有迷离朦胧之美；在石桥观瀑，直面巨瀑飞流奔泻而下，则有雄奇豪放之美；立于仰止亭上层观瀑，有淋漓通畅之美；而坐于仰止亭下层，身倚栏杆，悠闲仰观，则又有飘逸飞动之美。人与自然，在此达到高度的和谐统一。

由于谷帘泉四周山体多由砂岩组成，加之当地植被繁茂，下雨时，雨水通过植被，再慢慢沿着岩石节理向下渗透。最后，通过岩层裂缝，汇聚成一泓碧泉，从涧谷喷涌而出，倾泻入潭。所以，历史上众多名人墨客，都以能亲临观赏这一胜景和亲品"琼浆玉液"为幸。古人曾称山泉水有

"八大功德"：一清、二冷、三香、四柔、五
甘、六净、七不饐、八蠲疴，这就是说，山
泉水清澈透明，甘洌香润，少杂质，无污
染，有益身体健康，这八大优点，谷帘泉都
已具备，自然成了上好水品。

(4) 历史文化

康王谷中涧流淙淙，清澈见底，酷似
陶渊明著的《桃花源记》中"武陵人"缘溪
行的清溪。康王谷离陶渊明故里仅5千米，
相传陶渊明晚年时曾在此度过一段清苦
而恬静的生活。康王谷口在星子观口，由
比入垅，山重水复，溪涧引路，松林掩映。

路回溪转约5千米后，地势豁然开朗，峡谷中有村舍田园、茂林修竹，桃红李白、阡陌交纵间，男女衣着朴素，耕作劳动，仿佛就是陶渊明构想的桃源境界。

谷帘泉经陆羽品定为"天下第一泉"后名播四海。历代文人墨客接踵而至，纷至沓来，争相品水题咏，公认谷帘泉水"甘腴清泠，具备诸美而绝品也"！唐张又新《谢山僧谷帘泉》诗："消渴茂陵客，甘凉庐阜泉，泻从千仞石，寄送九江船。竹柜新茶出，铜铛活火煎，散花浮晚菊，沸沫响秋蝉。……迢递康王谷，尘埃陆羽篇。何当结茅屋，长在水帘前。"诗人把对谷帘泉的爱慕之情发挥到极致。陆游在其《入蜀记》中写道："前辈或斥水品以为不可信，水品固不必尽兰，然谷帘卓然，非惠山所及，则亦不可诬也。"这里提到的"谷帘"，就是唐代茶圣陆羽《茶经》中评定的"天下第一泉"。

宋代名士王安石、朱熹、秦少游、白玉蟾等都饶有兴趣地游览品尝过谷帘泉，并留下了绚丽的诗章。朱熹在《康王谷水帘》一诗中咏道："采薪爨绝品，瀹茗浇穷愁。敬谢古陆子，何年复来游？"北宋著名学者王禹偁考察了谷帘泉水后，挥笔作诗："泻从千仞石，寄逐九江船。迢递康王谷，尘埃陆羽仙。何当结茅室，长在水帘前。"并在《谷帘泉序》中写道："水之来，计程一月矣，而其味不败。取茶煮之，浮云散雪之状，与井泉绝殊。"白玉蟾对飞流的谷帘泉及泉区胜景作了如下勾画："紫岩素瀑裹长霓，草

木幽深雾雨凄。竹里一蝉闯竹外，溪东双鹭过溪西。步入青红紫翠间，仙翁朝斗有遗坛。竹梢露重昼犹湿，松里云深夏亦寒。"

2.中泠泉

(1) 简介

镇江中泠泉，又称扬子江心第一泉或南零水、中零泉、中濡泉，意为大江中心处的一股清冷的泉水，位于江苏省镇江市金山寺以西约500米的石弹山下。中泠泉自唐代被品茶鉴水名家刘伯刍评为"天下第一泉"以来，一直享有盛名。

中泠泉原为江心泉，唐宋时，金山还是"江心一朵芙蓉"，中泠泉也处于长江旋涡之中。据记载，以前泉水在江中，江水来自西方，受到石牌山和鹘山的阻挡，

水势曲折转流,分为三泠(甫泠、中泠、北泠),而泉水就在中间的一个曲水之下,故名"中泠泉"。因位置在金山的西南面,故又称"南泠泉"。由于长江水势浩大,波涛汹涌,水深流急,所以汲取中泠泉极为困难,据传打泉水需在正午之时用绳子将带盖的铜瓶子放入泉中,然后迅速打开盖子,才能汲到真正的泉水,故陆游游金山时曾发出"铜瓶愁汲中濡水,不见茶山九十翁"的感叹。沧海桑田,岁月推移,长江主河道北移,南岸的江滩不断沉积扩大,清咸丰、同治年间,中泠泉遂随金山登陆,由江心泉变成了陆地泉,现在泉口地面标高为4.8米。

中泠泉位于长方形的石池为,该池由大石块垒砌而成,四周围有石栏,池内石

壁上镌刻着"天下第一泉"五个大字，系清代镇江知府、书法家王仁堪所书，与金山寺楼阁相映成趣。清澈的泉水源源不断从池底涌起，终年不竭。池旁盖楼建亭，池南建有一座八角亭，双层立柱，直径7米，十分宽敞，取名"鉴亭"，是以水为镜，以泉为鉴之意。亭中有石桌石凳，供游人小憩，十分风凉幽雅。池北建有两层楼房一座，楼上楼下为茶室，环境幽静，林荫覆护，风景清雅，是游客品茗的绝佳之处。

(2) 来历

天下第一泉

原在江心，名中泠泉、在万里长江中独一无二。近百余年来，逐随金山登陆。唐代著名品茶专家陆羽、刘伯刍评此泉为天下第一。

First Spring under Heaven

Initially located in the center of the Yangtze River, the First Spring under Heaven another name Zhongleng Spring was regarded as a unique spring in the River. After nearly one hundred years, First Spring under Heaven emerged from river after the formation of Mountain Jin. It was awarded the first spring under heaven by Lu Yu and Liu Bochu who were famous tea tasters in Tang Dynasty.

中泠泉宛如一条戏水白龙，自池底源源不断地涌出，泉水"绿如翡翠，浓似琼浆"，甘冽醇厚，特宜煎茶。据史载，唐陆羽品评天下泉水时，中泠泉名列全国第七，陆羽之后的后唐名士刘伯刍在品尝了全国各地沏茶的水质后，把宜茶的水分为七等，扬子江的中泠泉依其水味和煮茶味佳名列第一，从此中泠泉被誉为"天下第一泉"。用中泠泉水煮茶，清澈甘香，饮之其味难忘。相传有"盈杯之溢"之说：贮泉水于杯中，由于泉水表面张力较大，水面放一枚硬币不见沉底；泉水可高

出杯口1—2毫米而不外溢。

(3) 历史文化

中泠泉被称为"天下第一泉"，还与当时提取泉水极为不易有关。据《金山志》记载："中泠泉在金山之西，石弹山下，当波涛最险处。"苏东坡也有诗云："中泠南畔石盘陀，古来出没随涛波。"由此可以想见，当时中泠泉于滔滔长江水面之下，时出时没，而江水水势汹涌，急涡巨旋，使汲中泠水极为困难。

自唐以来，达官贵人、文人学士，或指派天下代汲，或冒险自汲，都对中泠泉表现出极大兴趣。南宋名将文天祥畅饮用镇江中冷泉泉水煎泡的茶之后，豪情奔放赋诗一首："扬子江心第一泉，南金来北铸文渊。男儿斩却楼兰首，闲品茶经拜羽仙。"南宋爱国诗人陆游曾到此，留下了"铜瓶愁汲中濡水，不见茶山九十翁"的诗句。宋初李昉等人所编的《太平广记》一书中，就记载了李德裕曾派人到金山汲取中冷水来煎茶。到明清时，金山已成为旅游胜地，人们来这里游览，自然也要品尝一下这天下第一泉。

据载，清同治（1862—1874年）年间，原屹立于长江江心的中冷泉变为陆地泉。中冷泉上岸后曾一度迷失，后于同治八年（1869年）被候补道薛书常等人发现，遂命石工在泉眼四周叠石为池，并由常镇通海道观察使沈秉成于同治十年（1871年）春写记立碑，于池南建亭，池北建楼。光绪年间，镇江知府王仁堪又在池周造起石栏，池旁筑庭榭，并拓池40亩，开塘种植

荷芰, 又筑土堤, 种柳万株, 抵挡江流冲击, 使柳荷相映, 成为秀丽一景。

3.玉泉

(1) 简介

玉泉位于北京颐和园以西的玉泉山南麓, 由玉泉山上泊山间石隙中喷涌而出。玉泉泉水清而碧, 澄洁似玉, 自石雕的龙口中喷出, 白如雪花, 曾名为"喷玉泉"。《析津志》说: "玉泉, 源出青龙桥社玉泉山, 与冷泉合, 下流为清河。"玉泉所在的山上洞壑迂回, 景色优美, 下泻泉水, 艳阳光照, 宛若玉液奔涌, 翠虹垂天, "以兹山之泉, 逶迤曲折, 蜿蜿然其流若虹"名之"玉泉垂虹", 为明代"燕京八景"之一。清康熙皇帝在玉泉山修建澄心园 (后更名为静明园), 影响到玉泉山的地理环境, 导致宛若彩虹倒垂的泉水变成了"喷薄如珠", 所以乾隆皇帝将它改

名为"玉泉趵突"。

玉泉水质优良,用此泉水沏茶,色、香、味俱佳。明清两代,均为宫廷茗饮御用泉水。

(2) 来历

古代,人们常以水之轻重衡量水质,轻者优,重者劣,所谓"质贵轻"就是这个意思。清乾隆皇帝嗜茶如命,又雅好评水鉴泉。据传,他认为比重越轻泉水越佳,为验证水质,命太监特制一个银质量斗,用以称量全国各处送京的名泉水样,经过反复比较,玉泉水的比重最轻且水质甘洌, 含杂质最少, 被评为第一, 故被乾隆赐封为"天下第一泉"。乾隆亲题"天下第一泉"碑, 并雅性十足地记文: "两山泉皆洊流, 至玉泉山势中豁, 泉喷跃而出, 雪涌涛翻, 济南趵突不是过也。向之题八景者, 目以垂虹, 失其实矣。爰正其名, 且表天下第一泉, 而为之记……水之德在养人, 其味贵甘, 其质贵轻。朕历品名泉, 实为天下第一。"并将记文交由户部尚书、书法家汪由敦书写刻碑, 立于泉旁。玉泉自此以"天下第一泉"闻名。

(3) 景观

玉泉水"水清而碧, 澄洁似玉", 故称玉泉, 而玉泉周围的景色, 亦合"燕京八景"之实, 旧有诗云: "碧障云岩喷玉泉, 长流宁是瀑流悬。遥看素练鸣秋壑,

却讶晴虹饮碧川。"可谓恰切。玉泉山六峰连缀，逶迤南北，属西山的支脉，其山"土纹隐起，作苍龙鳞，沙痕石隙，随地皆泉"，自然风景十分优美。

玉泉山下有静明园，为辽代玉泉山行宫和金代芙蓉殿行宫遗址，相传金章宗曾在此避暑。元世祖在此建昭化寺，明英宗时又添建上下华严寺，清顺治二年（1645年）重修，改名澄心园。康熙十九年（1680年）增修很多园林建筑，于康熙三十一年（1692年）改称今名。

静明园内的楼、阁、亭、馆、佛寺、佛

塔依山而筑，交融在泉壑、山岩、林木之间，秀丽和谐，是造园艺术的成功范例。风景今以妙高峰的华藏塔、玉峰塔、裂帛湖、华严洞、玉龙洞、香岩寺、圣缘寺等为最著名。园内旧有十六景，即廓然大公、芙蓉晴照、玉泉趵突、竹炉山房、圣国综绘、绣壁诗态、溪田课耕、清凉禅窟、采香云径、峡雪琴音、玉峰塔影、风重清听、镜影涵虚、裂帛湖光、云外钟声、翠云嘉荫。乾隆时又增十六景：清音带、华滋馆、冠峰亭、观音洞、赏遇楼、飞云眼、试墨泉、分鉴曲、写琴廊、延绿厅、犁云亭、罗汉洞、如如室、层明宇、进珠泉、心远阁。可惜的是，近代以来，英法联军和八国联军入侵，景观多毁于兵火。

(4) 历史文化

玉泉流量大而稳定，曾是金中都、元大都和明、清北京河湖系统的主要水源。元代，引玉泉之水注入昆明湖，沿金水河流入大都，作为宫廷专用水源，一直沿袭到清初。元代陈孚、明代金幼孜均有《玉泉垂虹》诗。明代邹缉在《北京八景图》中说："山有石洞三，一在山之西南，其下有泉，深浅莫测。一在山之阳，泉自山而出，鸣若杂佩，色如素练，泓澂百顷。鉴形万象，莫可拟极。一在山之根，有泉涌出，其味甘冽，门刻玉泉二字……"他又赋诗，改"玉泉垂虹"为"玉泉飞虹"，诗中描写道："碧障云岩喷玉泉，长流宁是瀑流悬。遥看素练明秋壑，却讶晴虹饮碧川。飞沫拂林空翠湿，激波溅石碎珠圆。传闻绝顶芙蓉殿，犹记明昌避暑年。"

　　清代，康熙《宛平县志》改"玉泉飞虹"为"玉泉流虹"。乾隆初来时曾写《玉泉垂虹》诗："涌滮千丈落垂虹，风卷银涛一望中。声震林梢趋众壑，光浮练影挂长空。跳

波激石珠丸碎, 溅沫飞花玉屑红。自此恩波流处处, 公田时雨泽应同。"但是乾隆皇帝后来多次观察后, 认为泉水是从石缝中流出, 并没有形成瀑布, 不能叫"玉泉垂虹", 而泉水"喷雾如珠", 很像济南的"趵突泉"。乾隆十六年 (1751年) , 他觉得"玉泉垂虹"不贴切, 改名"玉泉趵突"并写诗说:"玉泉昔日此垂虹, 史笔谁真感慨中。不改千秋翻趵突, 几曾百丈落云空! 廊池延月溶溶白, 倒壁飞花淡淡红。笑我亦尝传耳食, 未能免俗且雷同。"

玉泉被宫廷选为饮用水源, 主要原因有二: 一是玉泉水洁如玉, 含盐量低, 水温适中, 水味甘美, 又距皇城不远; 二是该泉四季势如鼎沸, 涌水量稳定, 从不干涸。玉泉水质好, 古有定评。元代《一统志》说玉泉"泉极甘冽"。明人吴宽所赋《饮玉泉》诗曰:"龙唇喷薄净无腥, 纯浸西南万叠青……坐临且脱登山屐, 汲饮重修调水符。尘渴正须清泠好, 寺僧犹自置茶炉。"据说，当年乾隆还讥嘲"茶圣"陆羽，说他对南方诸泉的评定颇为中肯，可惜他没有到过北京，不识玉泉水之佳妙。

4.趵突泉

(1) 简介

济南是著名的泉城，素有"家家泉水，户户垂杨"之称，有关泉水的记载，最早见之于《春秋》。其泉主要由趵突泉、黑虎泉、珍珠泉、五龙潭四大泉群组成，每一泉群又由数泉构成。众泉之中，趵突泉有"天下第一泉"的盛誉。金代有人立"名泉牌"，列名泉72处，趵突泉为72泉之首。趵突泉发源于济水的源头王屋山太乙池，清代文学家蒲松龄

在《趵突泉赋》中一开头就说："泺水之源，发自王屋；为济为荥，时见时伏；下至稷门，汇为巨渎；穿城绕郭，汹汹相续。"

趵突泉又有"娥英水""温泉""瀑流水""三股水""槛泉"等名，位于济南趵突泉公园泺源堂之前。趵突泉公园位于济南市旧城区的西南，南靠千佛山，东临泉城广场，北望大明湖，面积10.5公顷，是以泉为主的特色园林。"泺水发源天下无，平地涌出白玉壶。"趵突泉为古泺水发源地，是泉城济南的象征与标志，与千佛山、大明湖并称为济南三大名胜，有"游济南不游趵突，不成游也"之盛誉。

(2) 来历

趵突泉有"天下第一泉"的盛誉。北宋诗人曾巩任齐州 (今济南) 知州时，在泉边建"泺源堂"，并作《齐州二堂记》，始以"趵突泉"名之。所谓"趵突"，按字义释，"趵, 跳跃貌; 突, 出见貌"，即跳跃奔突之意，反映了趵突泉三窟迸发，喷涌不息的特点。相传乾隆皇帝在评定北京玉泉等名泉不久，南巡来到济南，当他看到趵突池中三泉喷涌、势如鼎沸、状似堆雪的壮观景象以后，遂把泉水三柱誉为蓬莱、方丈、瀛州三山; 品饮了趵突泉水后，觉得此水竟比他赐封的"天下第一泉"玉泉水还要清冽甘美，于是又把"天下第一泉"的美名封给了趵突泉，他为趵

突泉题了"激湍"两个大字，还写了一篇《游趵突泉记》，文中写到"泉水怒起跌突，三柱鼎立，并势争高，不肯相下"。

不少文人学士也赋予趵突泉"第一泉"的桂冠。明代晏璧有诗曰："渴马崖前水满川，江水泉迸蕊珠圆。济南七十泉流乳，趵突洵称第一泉。"沈复在《浮生六记》中说："趵突泉为济南七十二泉之冠。泉分三眼，从地底忽涌突起，势如腾沸，凡泉皆从上而下，此独从下而上，亦一奇也。"蒲松龄在《趵突泉赋》中写道："尔其石中含窍，地下藏机，突三峰

而直上，散碎锦而成漪。波汹涌而雷吼，
势瀺洞而珠垂……海内之名泉第一，齐门
之胜地无双。"而北魏郦道元《水经注》
赞趵突泉为"固寰中之绝胜，古今之壮观
也"。

(3) 景观

趵突泉自1956年辟为公园，几经扩
建，已成为环境优美、步移景异、格调
高雅，融合中国南北园林特点的著名公
园。园内名泉荟萃，漱玉泉、金线泉、马
跑泉、柳絮泉等二十多处名泉分布其中。
公园名胜古迹众多，始建于宋代的"泺源

堂""娥英祠"气势雄伟，元代万竹园精巧典雅，著名女词人李清照纪念堂庄重古朴，国画大师李苦禅、王雪涛纪念馆亦设于园内。

趵突泉与附近金线泉、漱玉泉、洗钵泉、柳絮泉、皇华泉、杜康泉、白龙泉等28眼名泉及其他5处无名泉，构成了趵突泉泉群。其中，集中在趵突泉公园的有16处，是国内罕见的城市大泉群。趵突泉是此泉群的主泉，泉水汇集在一泓方池之中，泉池东西长约30米，南北宽为20米，四周砌石块，围以扶手栏杆。池中有三个

大型泉眼，昼夜涌水不息，出露标高可达26.49米，其涌水量约占济南市总泉水量的三分之一。池中三泉，平地上涌，泉源上喷，水涌如轮，浪花四溅，声若隐雷，势如鼎沸，状似堆雪，景状蔚为壮观。前人有"倒喷三窟雪，散作一池珠"及"千年玉树波心立，万叠冰花浪里开"之咏。清代学者魏源在《趵突泉》诗中亦称："三潜三见后，一喷一醒中。万斛珠矶玉，连潭雷雨风。"趵突泉水清澈见底，水质清醇甘冽，是理想的天然饮用水。泉水一年四季恒定在18℃左右。严冬，水面上水气袅袅，像一层薄薄的烟雾，一边是泉池幽深，波光粼粼；一边是楼阁彩绘，雕梁画栋，构成了一幅奇妙的人间仙境图，当地人称之为"云蒸雾润"。趵突泉北临泺源堂，西傍观澜亭，东架来鹤桥，南有长廊围合，景致极佳。泉的四周有大块砌石，环以扶栏，可凭栏俯视池内三泉喷涌的奇景。

趵突泉周边的名胜古迹不胜枚举，尤以泺源堂、娥英祠、望鹤亭、观澜亭、尚志堂、李清照纪念堂、沧园、白雪楼、万竹园、李苦禅纪念馆、王雪涛纪念馆等景点最为人称道。趵突泉池北岸有三座大殿，曰泺源堂，三间两层，坐北朝南，建在同一中轴线上，是一组较大的明清建筑。元代大书法家赵孟頫所题的楹联"云雾润蒸华不注，波涛声震大明湖"就刻在堂前抱厦柱上，后堂内壁上嵌着明清以来咏泉的若干石刻。泉池南为半壁水榭，曰"沧园"。西南有明代观澜亭，原为四面

长亭,半封闭式,形刳考究,为历代文人称颂。亭边立有明清时胡缵宗、张钦和王仲霖书写的"趵突泉""观澜""第一泉"等石刻。泉池东为来鹤桥,桥南端耸立一古色古香的木牌楼,横额上有"洞天福地""蓬山旧迹"字样。泉东南侧白雪楼为纪念明代著名文学家李攀龙所建。

此外,趵突泉公园内漱玉泉与宋代女词人李清照有关,因有文集《漱玉集》而得名,她的故居也在此,称为"漱玉堂",李清照纪念堂正是为纪念她而修建的。漱玉泉泉池呈长方形,池长4.8米,宽3.1米,深2米。四周围以汉白玉栏杆。泉水自南面的溢水口汩汩流出,层叠而下,漫石穿隙,淙淙有声,注入螺丝泉中。明代诗人晏璧曾有"泉流此间瀑飞琼,静日如闻漱玉声"的赞语。

(4) 历史文化

自古以来观此泉者无不为之倾倒,历代文化名人诸如曾巩、苏轼、元好问、

赵孟頫、张养浩、王守仁、王士祯、蒲松龄、何绍基、郭沫若、启功等，均在趵突泉及其周边的名胜古迹留下无数咏赞的华章妙句，使趵突泉的文化底蕴更加深厚，成为海内著名的旅游胜地。

趵突泉是最早见于古代文献的济南名泉。有专家根据河南安阳出土的甲骨文考证，趵突泉有文字记载的历史，可上溯至我国的商代，长达三千多年。北魏郦道元《水经注》载："泉源上奋，水涌若轮"，"突出雪涛数尺，声如隐雷"。金代诗人元好问描绘为"且向波间看玉塔"，元代著名画家、诗人赵孟頫比之为"平地涌出白玉壶"，清代诗人何绍基喻之为"万斛珠玑尽倒飞"。清朝刘鹗《老残游记》载："三股大泉，从池底冒出，翻上水面有二三尺高。"《历城县志》中对趵突泉的描绘最为详尽："平地泉源濆沸，三窟突起，雪涛数尺，声如隐雷，冬夏如一。"

5.玉液泉

(1) 简介

"峨眉天下秀"，峨眉山是我国国家重点风景名胜区，又是佛教四大丛林之一。在奇秀的峨眉山上分布着众多的流泉飞瀑。如果说报国寺附近的龙门飞瀑、虎溪鸣泉，清音阁前的黑白双溪等众多泉水是以声色取胜的话，那么玉液泉不仅以湛碧的秀色悦人，还以其绝奇的水品夺魁。

有"神水第一泉"之称的玉液泉位于海拔807米的大峨寺旁的万定桥边、神水阁前，四周风光具有峨眉独特的清幽和

深秀。其水品，古人有"饮水诧得仙"之句，认为此泉水不同寻常，故把它称为神水，又名甘泉。历经千百年，神水遇旱不涸，终年不竭，在嶙峋石壁之中冒出来的这泓碧水，清澈明亮，光鉴照人。夏日用手去掬，冷气直透肌骨，一旦饮下，两腋清风，只觉得涤肠荡胃，浊气下沉，清气上升，如饮琼浆玉液。因此以玉液名泉，名副其实。

(2) 来历

隋代中国佛教天台宗的创立者智者禅师品饮之后，说它是"圣水"；宋代道学家陈希夷，品题"神水"二字于大峨石上，至今犹存；苏东坡来游，力排玄奇的神话传说和有着宗教色彩的称誉，凭着自己的直观感受，品题"云外流春"四字，并认为这是第一泉。

(3) 历史文化

玉液泉以一潭碧泓诱人悦性，还以奇绝水品称雄。古人谓此泉不同凡响，称它

是"天上的神水""地下的甘泉"。而玉液
泉四周，又是峨眉极品云雾茶产地，用玉
液泉品峨眉茶，茶水清亮，茗香扑鼻，喝
到口中，香在心里，顿觉神清气爽，自然
为文人墨客倾心。早在北宋时，黄庭坚、
苏东坡就曾来此咏泉品茗，留下了赞美玉
液泉、峨眉茶的诗文篇章。如今，在玉液
泉前的一块石碑上，镌刻的历代诗文就
是佐证。人们见到泉旁石碑上镌刻的"玉
液泉"和"神水通楚"碑文，乃是明代龚
廷试所题。泉旁石崖上题写的"神水"二
字，乃明代御史张仲贤手迹。玉液泉烹峨
眉茶，相映生辉，可谓"二美合碧瓯，殊胜
馔群玉"。

玉液泉自唐以来，历经宋、元、明、
清，直至今日，仍有众多茶人来此汲泉品
茗。据科学测定，玉液泉水最宜烹茶，它
是一种极为难得的优质饮用矿泉水，除
视觉、口感殊绝于众外，还含有微量的
氡、锶、锌、二氧化硅等，属低矿化的、含

有对人体有益的矿物质元素的优质饮用矿泉水，这就是人们热衷于用玉液泉烹茶的道理所在。

(二) 天下第二泉：无锡惠山泉

1.简介

惠山泉原名漪澜泉，是天下第二泉，相传经中国唐代陆羽品题而得名，位于江苏省无锡市西郊惠山山麓锡惠公园内。无锡惠山多清泉，历史上就有"九龙十三泉"之说。相传惠山泉是唐大历末年 (779

年) 由无锡县令敬澄派人开凿的。因陆羽曾亲品其味并著有《惠山寺记》，故又名陆子泉。惠山泉被陆羽评为天下第二泉后，名声远播，千百年来受到了帝王将相和文人墨客的青睐。清时对二泉周围的环境进行了整修，布置了池沼、流泉、石刻、假山、湖山和楼台亭阁，配置了花草树林，故成精美的庭园，成为人们游览品茗的佳处。

由于惠山泉水源于若冰洞，细流透过岩层裂缝，呈伏流汇集，遂成为泉。因此，泉水质轻而味甘，能益诸茗色、香、味、形之美，深受茶人赞许。唐代天宝进士皇甫冉称此水来自太空仙境；唐元和进士李绅说此泉是"人间灵液，清鉴肌骨，漱开神虑，茶得此水，尽皆芳味"。

2.来历

唐朝陆羽在他著的《茶经》中

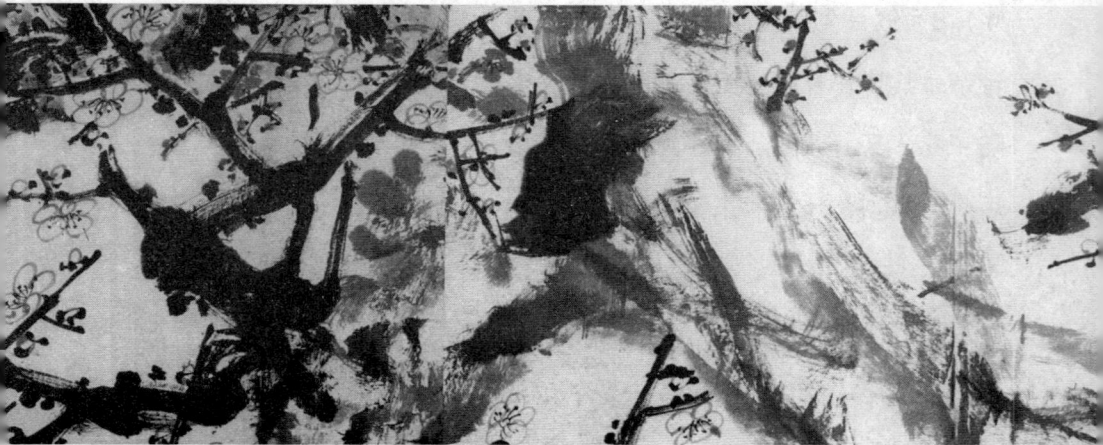

排列名泉二十处，无锡惠山泉位居第二。另一位评水大家刘伯刍认为："透宜于煮茶的泉水有七眼，惠山泉是第二。"此后"天下第二泉"之名为历代文人名流所公认。宋代诗人苏轼曾两次游无锡品惠山泉，留下了"独携天上小团月，来试人间第二泉"的吟唱，更使惠山泉生辉。

3. 景观

惠山泉共分上、中、下三池，泉上有"天下第二泉"石刻，是清代书法家王澍所书。上池呈八角形，水质最佳，水过杯口数毫米而茶水不溢。水色透明，甘冽可口。中池呈不规则方形，是从若冰洞浸出

的，池旁建有泉亭，相传这是唐代高僧若冰发现的，也称冰泉。下池长方形，凿于宋代，池壁有一雕工精细的龙头，泉水从龙口中注入下池。此处有二泉亭、漪澜堂、景徽堂及明代的观音石等。坐在景徽堂的茶座中，品尝用二泉水泡的香茗，欣赏二泉附近的景色，听着泉水的叮咚声，实乃人生一大快事。值得一提的是，在二泉池畔，每当月色溶溶的夜晚，如玉轮冰晶一般的皓月，倒映在波光微动的清泉之中，银华闪烁，悠然入画，水波月影，幽美宁静，充满诗情画意，一泓清池，一轮圆月，使"二泉映月"成为惠山的又一绝

妙景致。中国民间音乐家瞎子阿炳 (华彦钧) ，曾在此作《二泉映月》二胡名曲，曲调悠扬，如泣如诉，那委婉悠扬，感人肺腑的曲调，今天已成为驰誉宇内，扣人心弦的绝响。从泉亭左右两侧的石阶拾级而上，在平台的后面，倚山有一座三间七架的厅室，即景徽堂。这座歇山顶的敞厅，屋宇轩昂，三面环廊，厅前乔柯扶苏，现辟为茶室，是品评二泉水的理想之处。堂两旁大书一联："试第二泉，且对明亭暗窦。携小团月，分尝山茗溪茶。"

从二泉亭北上，还有清代竹炉山房、秋雨堂、云起楼等。秋雨堂结构精巧，陈设古雅, 中国电影《家》曾取景于此。听松亭也在二泉附近。亭内有一方古铜色巨石, 平坦光滑, 可横卧一人, 称"石床"。一端镌有"听松"二字, 是中国唐代书法家李阳冰所书。

4.历史文化

惠山泉盛名, 始于中唐, 其时, 饮茶之风大兴, 品茗艺术化, 位列天下第二泉的惠山泉, 泉水清澈晶莹, 含矿物质少, 水质优良, 甘美适口, 系泉水之佼佼者, 自然为历代名人学士饮咏。据唐代无名氏《玉泉子》载, 唐武宗时, 宰相李德裕很爱惠山泉水, 曾设立"水递"(类似驿站的专门输水机构), 令地方官使用坛封装, 驰马传递数千里, 从江苏运到陕西, 供他煎茶。因此唐朝诗人皮日休曾将此事和杨贵妃驿递荔枝之事相比, 作诗讥讽:"丞相常思煮茗时, 郡侯催发只嫌迟。吴关去国三千里, 莫笑杨妃爱荔枝。"

二泉水一度成为进献给皇帝的贡品。

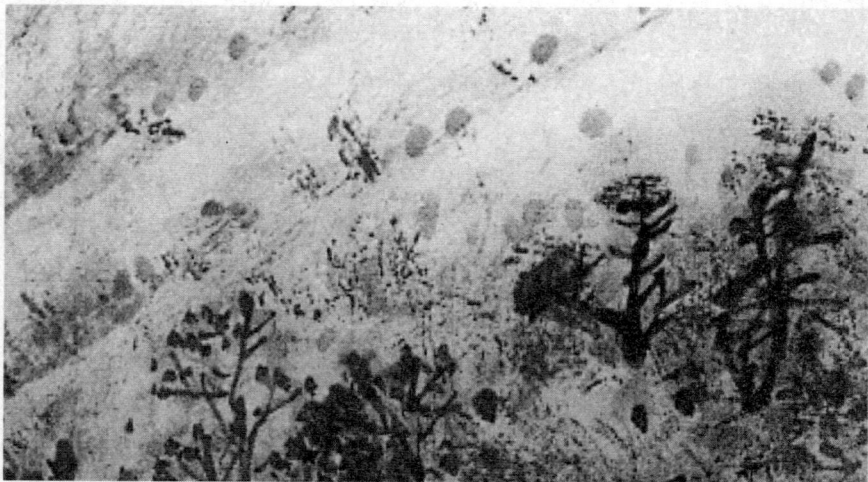

宋徽宗赵佶就以此泉水为贡品让两淮两浙路发运使赵霆按月进贡。南宋高宗赵构被金人逼得走投无路仓惶南逃时，还去无锡品茗二泉。南宋著名诗人杨万里在诗中称赞二泉："惠泉遂名陆子泉，泉与陆子名俱传。一辨佛香炷遗像，几多衲子拜茶仙……"明代，二泉更是题咏不绝的地方，诗人李梦阳在他的《谢友送惠山泉》诗中写道："故人何方来？来自锡山谷。暑行四千里，致我泉一斛。"乾隆皇帝对二泉更是赞赏有加："石瓷涂云乳，何以问来脉？摩沙几千载，涤荡含光泽。

澄澈不爱尘，岂杂溪毛碧。鸿渐真识味，

高风缅畴昔！"

（三）并驾齐驱的天下第三泉

1.苏州观音泉

（1）简介

观音泉在苏州虎丘观音殿后，泉井所

在的小院，清静幽雅，园门上刻有"第三

泉"三个大字。第三泉又名"陆羽泉"，据

《苏州府志》记载，陆羽曾在虎丘寓居，

发现虎丘泉水清洌，甘美可口，便在虎丘

山上挖一口泉井，刘伯刍评此水为第三。

(2) 景观

观音泉鱼游往来，悠然自得。水面涟漪轻泛，浮萍点点，撒落水面，倒影乱真，夕阳西照，在树隙中落下参差斑驳的黑影，浓淡相宜，宛如一幅多姿多彩的水墨画。观音泉像羞涩的少女，缓缓流出。气泡多姿多彩，时而大，时而小，时而扁，时而圆，像串串珍珠串成条条银线，溢出水面，撒出朵朵珠花，宛如天女散花，煞是好看。有的宛如戏水的长龙，自池底汹涌而出，向世人展现自己独特的风姿。

与观音泉相通的还有"剑池泉"，亦在苏州虎丘山下。史载，剑池之下，为春秋晚期吴国国君阖闾之墓，因阖闾爱剑，下葬时以三千宝剑殉葬。相传秦始皇和东吴孙权曾遣人在此凿石求剑，未成。凿出

遂成深两丈的长方形深池，故名剑池。池旁峭壁如削，刻有"风壑云泉"四字，笔法圆润，传为宋代米芾所书。

虎丘虽然是座小山，但其山势雄奇如蹲虎状，它的峰顶，更像从海中涌出。虎丘寺石泉水，加上"碧螺春"，在此煮茶品茗，别有一番情趣。泉水经过层层过滤涌出，绿如翡翠，浓似琼浆，水质洁净，清冽甘美，通明度高，汲水沏茶，口味醇正，清香四溢，回味无穷。难怪元朝名人顾瑛夸曰："雪霁春泉碧，苔浸石瓷青。如何陆鸿渐，不入品茶经。"

2.杭州虎跑泉

（1）简介

虎跑泉，又称虎跑梦泉，亦有"天下第三泉"之誉。虎跑泉水色晶莹，味甘冽而醇厚，历来被誉为西湖诸泉之首。宋虎跑泉之所以声名远播，除了泉水上佳外，也与当地产的著名的龙井茶有关，龙井茶只有用虎跑泉的水冲泡，才有色绿、香

郁、味甘、形美的四绝品质。明代高濂在《四时幽赏录》中说:"西湖之泉,以虎跑为最。西山之茶,以龙井为最。"名泉配名茶,相得益彰,清香四溢,味美无穷,被称为"龙虎斗"。"龙井茶叶虎跑水",向来被人们誉为"西湖双绝",而人们在这里品茶论水,则成为一件充满文化色彩的乐事。

虎跑泉位于西湖之南,大慈山白鹤峰麓定慧禅寺内,距市区约5千米。虎跑泉水从石英沙岩中渗过流出,清澈见底,纯净无菌,饮后沁人心脾,对人体有保健作用,如今,虎跑泉依然澄碧如玉,从池壁石雕龙头喷出的那股水流仍旧涓涓汩汩,不停涌出。坐到轩敞明亮的茶室中,泡上一杯热气腾腾的龙井慢啜细品,一

股清香甘冽之味，透于舌间，流遍齿颊，顿感神清气爽。在此观泉、听泉、品泉、试泉，其乐无穷。虎跑泉附近还有滴翠轩、叠翠轩、罗汉堂、钟楼、碑室、济公殿、济公塔、虎跑梦泉塑像、弘一法师(李叔同)之塔等众多景点。

(2) 来历

相传唐宪宗元和年间，有个名叫性空的僧人云游至此，见大慈山白鹤峰麓环境清幽，便有心栖禅于此。但经进一步考察，却发现这里缺少饮用水源，生活很不方便，无奈之际准备离寺而去。一夜他梦

见一神仙告诉他："南岳童子泉，当遣二虎移来。"第二天果然看见有二虎"刨地作穴"，涌出泉水，性空便给这眼泉取名为虎刨泉。后来他又觉得此名有些拗口，便更名为虎跑泉。当今虎跑泉池东南隅沟谷中，西湖新十景之一的"虎跑梦泉"浮雕，活灵活现地再现了这个"虎移泉眼"的神话故事。当然这仅是传说，实际上虎跑因地处群山之低处，附近岩层裂隙较多，透水性能好，地下水随岩层向虎跑渗出而形成。

（3）景观

虎跑泉周围幽雅清秀，有钟楼、罗汉堂、济公殿、五代经幢、弘一法师纪念塔等名胜古迹，但泉水是虎跑的主景，其他景也环绕虎跑泉而设。走近山门，先是"听泉"，天王殿内是"释泉"，叠翠轩中是"赏泉""试泉"，滴翠岩下为"寻泉"，至茶室为"品泉"。虎跑茶室边上是济祖塔院，是宋代济颠和尚葬骨灰之处，院后壁上有数幅壁雕石刻，都是济颠传说。茶室前沿级而下，可至弘一法师纪念馆。

进入山门，是一条平坦的青石板路，两旁青山耸峙，叠嶂连天；一泓清泉沿着路侧的溪涧，琤琤流淌，石板路的尽头是一座供人小憩的凉亭，亦称二山门，这里松枫参差，泉声悦耳，引人驻足。穿过亭子，是一座石桥，桥下是澄碧的池水，由此拾级而上，即虎跑寺。

虎跑寺原名广福寺，唐大中八年（854年）改名为大慈禅寺，明清时多次毁建，

现在的寺宇为清光绪时重建。虎跑寺以虎跑泉为中心进行建筑布局，具有江南园林特色，泉池四周依次建轩立亭，院内引水凿池，架设拱形石桥，寺中松柏交翠，寺后修篁漫山。

虎跑泉是一个两尺见方的泉眼，清澈明净的泉水，从山岩石罅间汩汩涌出，泉后壁刻着"虎跑泉"三个大字，为西蜀书法家谭道一的手迹，笔法苍劲，功力深厚。泉前有一方池，四周环以石栏；池中叠置山石，傍以苍松，间以花卉，宛若盆景。游人在此，坐石可以品泉，凭栏可以观花，怡情悦性，雅兴倍增。苏东坡有《虎跑泉》诗："亭亭石塔东峰上，此老初来百神仰。虎移泉眼趁行脚，龙作浪花供抚掌。至今游人灌濯罢，卧听空阶环玦响。故知此老如此泉，莫作人间去来想。"

在虎跑滴翠岩后的山腰平台上，有"虎跑梦泉"浮雕。整个塑像借用一组巨大的山岩叠石，只见两只猛虎接踵跑地

出泉，性空禅师则面目慈祥，闭目斜卧。雕塑充分利用自然地形、山涧，把人物和山虎、涌泉、自然山水、庭院建筑融为一体。高僧梦卧之形态，两虎自林中跑水之情状，既有宁静感，又有跃动感，动静结合，野趣盎然。石壁间刻有"虎跑泉眼"四字行书和"梦虎"两大篆体字。整座雕像布局得体，形象生动，线条刚柔相间，粗犷有力，很有意趣。

四、冷泉叮咚

除上面所述三大名泉外，以名泉佳水著称于世的冷泉不胜枚举。许多名泉虽无"封号"，但亦是名扬四海，如山西太原晋祠的难老、善利、圣母三泉，河北邢台的百泉，河南辉县的百泉，云南大理的蝴蝶泉，甘肃敦煌的月牙泉等等。上述名泉多因泉生景，成为当地著名的风景名胜。

（一）大理蝴蝶泉

1.简介

蝴蝶泉原名无底潭，在大理市周城北1千米处，滇藏公路西侧，点苍山的云弄峰下。进入公园，缓步上坡，行约半里，即是一片成荫绿树。走过古朴的石坊，迎面有一块大理石石碑，碑呈菱形，正面右侧有郭沫若手书"蝴蝶泉"三个大字，左侧刻有郭沫若《咏蝴蝶泉》诗的手迹；碑的背面，刻着徐霞客游大理蝴蝶泉的一段日记。沿林荫小道曲折前行，只见古树林立，浓荫蔽天，一泓清泉嵌于其间，底铺青石，泉池约两三丈见方，四周用透亮的大理石砌成护栏。这就是"蝴蝶泉"。

蝴蝶泉水清澈见底，一串串银色水泡自沙石中徐徐涌出，汩汩冒出水面，泛起片片水花。泉池旁有合欢古树，横卧泉面。蝴蝶泉之所以成为有名的游览胜地，不仅是泉水甘美之故，更与泉边独具天下罕见的奇观——蝴蝶盛会有关。每年农

历三四月间，云弄峰上各种奇花异草竞相开放，泉边的合欢树散发出一种淡雅的清香，诱使成千上万的蝴蝶前来聚会。这些蝴蝶大的如掌，小的如蜂，或翩舞于色彩斑斓的山茶、杜鹃等花草间，或嬉戏于游人的头顶。更有那数不清的彩蝶，从合欢树上，一只只倒挂下来，连须钩足，结成长串，一直垂到水面，阳光之下，五彩焕然，堪称奇观。尤其是农历四月十五这一天，若遇晴朗天气，其时蝴蝶云集，且品种繁多，五彩缤纷，汇成了蝴蝶的世界。这奇景，引来了无数瑰丽的诗篇，明代杨慎写道："漆园仙梦到绡官，栩栩轻烟袅袅风。九曲金针穿不得，瑶华光碎月明中。"清代诗人沙深赞道："迷离蝶树千蝴蝶，衔尾如缨拂翠恬。不到蝶泉谁肯信，幢影幡盖蝶庄

严。"

2.相关传说

古时候，蝴蝶泉叫无底潭。潭边住着父女二人，女儿叫雯姑，如花似玉，心灵手巧。雯姑长大后，和猎手霞郎互相爱慕，定下终身。后来雯姑被地主抢走，霞郎用计救出雯姑。不料官兵追来，二人走投无路，双双殉潭。顿时，电闪雷鸣，暴风骤雨。待雨过天晴，潭中飞出一对美丽无比的大彩蝶，后面引来无数的小蝴蝶嬉戏盘旋。那一天是农历四月十五日。从此，每年的这一天，无数美丽的蝴蝶就会聚集在这里，讲述这动人的爱情故事。这就是有名的"蝴蝶会"。

（二）敦煌月牙泉

1.简介

月牙泉，古称沙井，俗名药泉，位于甘肃敦煌鸣沙山流沙的怀抱中，自汉朝起即为"敦煌八景"之一，得名"月泉晓

澈"，至今已有两千多年的历史。月牙泉南北长近100米，东西宽约2□米，泉水东深西浅，最深处约5米，弯曲如新月，因而得名，有"沙漠第一泉"之称。该泉水色蔚蓝，澄澈见底，味美甘甜，如沙海中一块晶莹的翡翠，沙泉共处，碧波荡漾，水光山色相映成趣，成为中国西部自然风光之奇观。

月牙泉的周围是高高的鸣沙山，鸣沙山在晴天或有人从山上滑下时会发出声响，因此而得名，这里还有一个奇特的现象，因为地势的关系刮风时沙子不往山下走，而是从山下往山上流动，所以月牙泉永远不会被沙子埋没，被称为沙漠奇观。如今，月牙泉附近建成了月泉阁、听雷轩等楼台亭阁，供游人赏景休憩；同时疏浚泉眼使泉水增多，栽植芦苇使月牙泉更加生机盎然。

2.形成原因

月牙泉处在茫茫的黄沙之中，可是两千多年来却在流沙恶浪中安然无恙，"泉映月而无尘"，"亘古沙不填泉，永不涸竭"，且清澈不腐，可谓"山之神异，泉之神秘"，令人百思难解。其实，月牙泉不涸、鸣沙山山体不变，是因为独特的地形地貌，才使它永远保持着矛盾而又和谐的天然共存状态。月牙泉底下有潜流，故不干涸，且泉水处于循环交替状态，故不腐坏。之所以泉不被流沙埋没，是因为泉四面的沙山高耸，山坳随着泉的形状也呈月牙形。在这种特殊的地形下，吹进这个环山洼里的风会上旋，把月牙泉四周的

流沙又吹到了四面的山脊上。这就是刮大风时人们见到风吹流沙上山坡的奇景，也是月牙泉"绵历古今，沙不填之"的奥秘。

3.历史文化

月牙泉涟漪萦回，碧如翡翠，深得天地之韵律，造化之神奇，是大自然留给人类的杰作和奇观。历代文人学士对这一独特的山泉地貌、沙漠奇观称赞不已。清代诗人苏履吉在《敦煌八景咏》中有一首《月泉晓澈》："胜地灵泉澈晓清，渥洼犹是昔知名。一湾如月弦初上，半壁澄波镜比明。风卷飞沙终不到，渊含止水正相生。竭来亭畔频游玩，吸得茶香自取烹。"诗中既描写了月牙泉像弦月初上、清澈如镜的景色，也赞叹了月牙泉绵历古今、沙填不满的神奇，同时也状写了在泉畔汲水烹煮香茶的无穷乐趣。清代另一位诗人朱凤翔(曾为敦煌县令)《月牙泉》诗写道："德水源传星宿海，灵池胜纪月牙泉。不形厄泄疑无地，倘有槎寻定到天。沙岭回

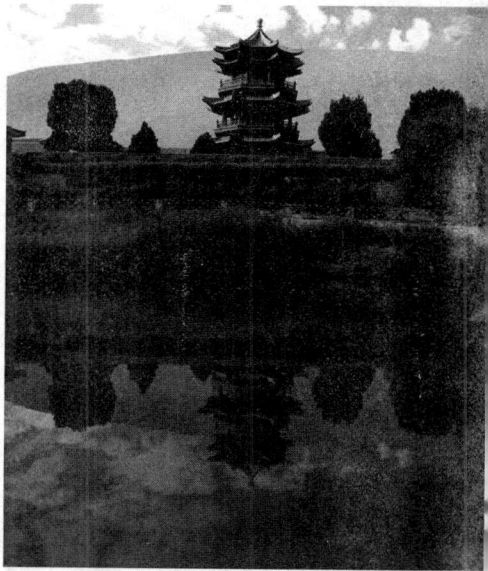

风森壁立，铁鱼跋浪蹴涡旋。凭谁问取龙媒迹，汉武当年正拓边。"诗中追本溯源，围绕月牙泉产生的许多美妙传说、灿然生辉典故有感而发，给这一泓碧水染上了神奇迷人的色彩。

（三）山西晋祠三泉

1.简介

晋祠坐落在山西太原悬瓮山下，这里山环水绕，古木参天，百余座殿、堂、楼、阁林立其间，古色古香，造型优美，还有那著名的周柏、隋槐，老枝纵横，至今生机勃勃，郁郁苍苍。殿阁楼台自古以来就有"不游晋祠，枉到太原"之说。晋祠山美、树美，建筑也美。然而，最令人陶醉的要数那甘醇清冽的晋祠泉水。晋祠有三泉即难老、圣母、善利三泉，这三股清泉为晋祠增添了小桥流水的情趣及曲径通幽的意境。泉涌清流，四面碧波荡漾，杨柳依依，将晋祠点缀得颇具江南风味。

被称为"晋祠三绝"之一的难老泉，俗称南海眼，位于水母楼前，是晋水的主要源头，也是晋祠风光的荟萃之地。泉水从地平线下约5米的石岩中涌出，清澈如玉，游鱼可数，冬暖夏凉，长流不息。北齐时，有人撷取《诗经·鲁颂·泮水》中"永锡难老"的诗句，名之为"难老泉"。

2.景观

难老、圣母、善利三泉泉水晶莹透明，清洁如镜，水中游鱼悠然，翠萍常生，冬夏一色。信步晋祠，只见这里一泓深潭，那里一渠澈水。殿下有泉，桥下有河，亭中有井，路边有溪，石间涓流潺潺，如丝如缕；林中碧波闪闪，如锦如缎。无论多深的渠、潭、井，只要光线充足，游鱼、碎石、水草，历历可见。当年李白游晋祠，曾赞曰："晋祠流水如碧玉，傲波龙鳞沙草绿。"

难老泉水出自断岩，常年水温保持在17℃左右，每到冬日，水蒸气升腾，在阳光

照耀下云蒸霞蔚，烟雾缥缈，变幻神秘，构成一幅轻纱浮动的水云图。水潭西壁半腰有一石雕龙头，清澈的难老泉水从石雕龙头喷出落入一僧人所托的钵中，然后下注水潭，形如白练，叮咚作响，如弹古筝，此中境界，妙不可言。水潭西北角有一凉亭，其形如船，因名"不系舟"，系仿北京颐和园的石舫而造。由清泉碧水和文化胜迹构成的难老泉景区，蔚为大观，千百年一直是晋祠名胜的精华和核心。泉上有一座八角攒尖式的亭子，高两丈余，始建于北齐天保年间，名难老亭。难老泉前面，有一泉潭，面积约100平方米。

3. 历史文化

晋祠三泉距今至少有二三百万年了。最早记载见于《山海经》："悬瓮之山晋水出焉。"据《山川志》记载："悬瓮山又名结绌山……山腹巨石如瓮形故名。"泉水汩汩流出，千年不息，昼夜不舍，世代为人类造福。早在公元前453年的战国时

代，晋祠泉前已修建渠道，使用泉水浇田。宋代范仲淹《题晋祠》写道："神哉叔虞庙，地胜出佳泉。一泽甚澄澈，数步忽潺溪。此意谁可穷，观者增恭虔。锦鳞无敢约，长生如水仙。"欧阳修《秋游晋祠》云："古城南出十里间，鸣渠夹路河潺潺。行人望祠下马谒，退却祠下窥水源……并人昔游晋水上，清竟照耀涵朱颜。晋水今入并州里，稻花漠漠浇平田。"两诗讴歌了难老、善利二泉汇为清流晋水的美景，欧诗还热情歌颂了晋水给人民带来"稻花漠漠"的丰收景象。

4.相关传说

相传，聪慧贤淑的柳氏嫁给古唐村（晋祠）为媳之后，遭婆母虐待，命她每日从远处挑水。某日柳氏路遇一位白衣大士，讨水给他骑的白马饮用，柳氏慨然允诺。饮马完毕，白衣大士将手中两龙吐须的马鞭赠给她，并告诉她，将鞭子插入水瓮，需水时只要一提，便会水来瓮满。

柳氏到家一试，果然十分灵验。三天过去，婆婆一次也没见媳妇去挑水，却见瓮里水满满的。仔细一看，瓮中还插着一条马鞭，于是抓鞭在手，欲打媳妇。谁知鞭刚被抽出瓮外，清水立即顺瓮口涌泻。大水冲走了婆婆，危及到全村人生命财产安全。柳氏见状，毅然用坐势盖瓮，坐压其上。大水压住了，村庄转危为安，柳氏却因此而献身。难老泉上水母楼的水母，就是依"柳氏坐瓮、饮马抽鞭"的传说塑造的。事实上，悬瓮山石灰岩中的地下水是从溶洞中涌出，并冲破松散盖层而成泉的。

(四) 杭州龙井泉

位于浙江杭州市西湖西面风篁岭上，是一个裸露型岩溶泉。龙井泉本名龙泓，又名龙湫，是以泉名井，又以井名村。龙井村是世界上著名的西湖龙井茶的五大

产地之一。龙井泉由于大旱不涸，古人以为与大海相通，有神龙潜居，所以名其为龙井。

龙井泉水出自山岩中，水味甘甜，四季不干，清如明镜。龙井泉的水由地下水与地面水两部分组成。地下水比重较大，因此地下水在下，地面水在上，如果用棒搅动井内泉水，下面的泉水会翻到水面，形成一圈分水线，当地下泉水重新沉下去时，分水线渐渐缩小，最终消失，非常有趣。据说这是泉池中已有的泉水与新涌入的泉水间的比重和流速有差异之故，但也有人认为，是龙泉水表面张力较大所致。

龙井泉旁有龙井寺，建于南唐保大七年（949年）。周围还有神运石、涤心沼、一片云等景点，附近则有龙井、小沧浪、龙井试茗、鸟语泉声等石刻列于半月形的井泉周围。

龙井泉的西面是龙井村，盛产西湖龙

井。龙井茶因具有色翠、香郁、味醇、形美之"四绝"而著称于世。古往今来，多少名人雅士都慕名前来龙井游历，饮茶品泉，留下了许多赞赏龙井泉茶的优美诗篇。

（五）河曲白鹿泉

位于山西省河曲县城东北的一个小山村，这里虽地处干旱的黄土高原，但小山村山泉潺潺、流水弯弯。白鹿泉泉口直径1米，深3米，状如圆锥。四季泉涌，飞珠溅玉，东流成溪，清澈见底，惠泽一方。四周山环林茂，清凉宜人，"鹿泉飞珠"为"获鹿八景"之一，历代文人皆有诗赞颂。著名的"鹿泉大曲""鹿泉浓香""鹿泉液"等名酒因泉水而享誉一方。

白鹿泉因优美的传说而闻名。史载，汉高祖三年（公元前204年），汉大将韩信率兵数万破赵，在今井陉、鹿泉之间和赵军摆开了战场，这就是历史上著名的"背水之战"。本来汉军长途跋涉，与赵军相比又众寡悬殊，而且赵军兵多粮足，以逸待劳，汉军是很难取胜的。但韩信灵活地运用了"陷之死地而后生，置之亡地而后存"的辩证理论，把赵国20万大军全部消灭。立斩赵军主帅陈余，活捉赵王。

传说汉军在追赶赵军的途中，口干舌燥，加之这一带村庄缺水，士兵干渴难耐。正在此时，忽见一只白鹿闪过，士兵如获至宝紧紧追赶。那白鹿奔跑如飞，忽

隐忽现，韩信张弓搭箭，奋力射去，正中白鹿。士兵们喜出望外，飞奔向前，白鹿已无影无踪。落箭处却涌出清澈甘甜的泉水。军士饮后，疲惫顿消。据传，射鹿的地方原名白家窑。此后"鹿泉"之名流传至今。

（六）河南百泉

百泉位于河南省辉县市中心西北的苏门山南麓，因此地泉眼众多，泉道百通，故名百泉，因泉水自池底翻沙涌出，如珍珠脱串，故又称珍珠泉。百泉聚于此地，形成百泉湖，为卫河之源。

清乾隆十五年（1750年），绕岸砌石，成一长方形泉湖，湖中心有一条青石板铺成的小径，曲曲折折，将湖中的亭阁小桥连在一起。河神庙、涌金亭、喷玉亭、灵泉亭以及邵雍祠、百泉碑等名胜古迹，错落有致地点缀在湖畔，独具匠心地玉立在湖

间，成为玲珑秀丽的人文景观。因涌金、喷玉、灵泉三亭周围泉眼最多，故到此三亭观光者也最多。涌金亭于北宋时创建，屡毁屡修。亭内有苏轼"苏门山涌金亭"碑刻，其字为楷书，柔中有刚。邵雍祠是为纪念北宋哲学家邵雍所建。邵雍曾在苏门山长期讲学，著书立说，影响很大，故明成化年间地方官在百泉旁建了一座邵雍祠，以纪念这位文化名人。

百泉风光绮丽，景色宜人，湖水碧波荡漾，清澈纯净。湖水面积3.4万平方米，最深处达3米，水温常年20℃左右，冬暖夏凉，湖水四季碧绿，清冽纯净；湖内鱼来蟹往，荇藻交横；湖畔亭台楼阁星罗棋布，曲桥相接；湖周古柏参天，绿柳婆娑，山水楼台交相辉映，景色如画。享有"中州明珠""西湖缩影"之誉。

五、温泉拾零

中国温泉众多，已查明的温泉就有2700多处。其中知名的温泉有：黑龙江五大连池温泉、吉林长白山温泉、辽宁汤岗子温泉、辽宁兴城温泉、北京小汤山温泉、北京延庆佛峪口温泉、河北承德热河温泉、安徽黄山汤口温泉、安徽岳西汤池温泉、江西庐山黄龙灵汤温泉、福州温泉群、台湾温泉群、云南腾冲温泉群、云南安宁温泉、贵州石阡温泉等。这些温泉因流经某些特殊的岩层,溶解了一些矿物质,因而在泉水中含有多种具有医疗价值的微量元素,在医疗上有独特的疗效。

(一) 西安华清池

1.简介

华清池亦名华清宫,坐落于临潼骊山西北麓,骊山苍翠秀雅,又有源源不断的温泉水,故历代王朝都视这里为宝地。这里的泉水清澈,水中含有多种对人体有益的微量元素,对人体多种慢性疾病有较好的疗效,是沐浴疗养的理想之所。1982年华清池被列入中国第一批重点风景名胜区,西安事变旧址五间厅被列为中国第二批重点文物保护单位。1996年,国务院公布唐华清宫遗址为中国第四批重点文物保护单位。2007年经国家旅游局正式批准为国家5A级旅游景区。

　　华清池有"天下第一御泉"的美称，是与古罗马卡瑞卡拉浴场和英国的巴斯温泉齐名的"东方神泉"。华清池温泉水温常年保持43℃，水质纯净，细腻柔滑，水中含有二氧化硅、三氧化二铝、氧化钠、硫磺、氟离子等十多种矿物质，对风湿、关节炎等疾病均有明显的疗效，因而吸引历代帝王沐浴游幸。华清池自然景区一分为三：东部为沐浴场所，设有尚食汤、少阳汤、长汤、冲浪浴等高档保健沐浴场所；西部为园林游览区，主体建筑飞霜殿殿宇轩昂，宜春殿左右相称；园林南部为文物保护区，千古流芳的骊山温泉就在此处。

2. 历史文化

华清池千古涌流,不盈不虚,作为古代帝王的离宫和游览地已有三千多年的历史。西周时,周幽王就在此修建"骊宫"。秦始皇非常偏爱这里的温泉,在这里广修殿宇,并命人将温泉砌成池子,名曰"骊山汤"。唐代,华清池达到了鼎盛时期。唐太宗时建造了"汤泉宫",唐玄宗时更是大兴土木,治汤井为池,环山列宫殿,扩建为一个以温泉为中心的"陪都",改名为华清宫。唐玄宗每年都有好几个月的时间在这里处理朝政,据记载,唐玄宗先后来此达36次之多,并与杨贵妃在这里演绎出了一段缠绵悱恻的爱情故事,加之白居易《长恨歌》的渲染,使华清池更是声名鹊起。

(二) 庐山黄龙灵汤温泉

1.简介

黄龙灵汤温泉坐落于庐山风景最美

的汉阳峰和翠峰重叠的黄龙山麓之间的小盆地，邻近有风光奇秀约康王谷、秀峰，由于矿泉地属江西省星子县，有人称庐山温泉为"星子温泉"。而因为它离黄龙山最近，宋代曾一度称庐山温泉为"黄龙灵汤院温泉"或"黄龙温泉"。此温泉流量很大，水温高达六七十度，含有三十多种矿物质，对于关节炎、胃病、支气管炎、皮肤病和神经衰弱症等均有疗效。李时珍《本草纲目》对此记载曰："庐山温泉有四孔，可以熟鸡蛋。……患有疥癣、风癞、杨梅疮者，饱食入池，久浴后出汗，以旬日自愈。"

2.历史文化

庐山黄龙灵汤温泉历史悠久，自晋代起即负盛名，古称"黄龙灵汤院"。唐代诗人白居易的《题庐山山下汤泉》一诗中写道："一眼汤泉流向东，浸泥浇草暖无功。骊山温水因何事，流入金铺玉甃中。"南宋哲学家、教育家朱熹赋诗赞曰：

"谁然丹黄焰，爨此玉池水。客来争解带，万劫付一洗。"此诗既生动有趣，又妙语双关。"万劫"语意双关，可解为：浴温泉，能疗好百病，使沉瘤霍然而愈，如肌肤尘，一洗而佳；也可解为浴于温泉，肌体舒畅，心旷神怡，千载忧愁，万劫烦恼，一洗而空。可见温泉之奇妙功用。

3.相关传说

黄龙灵汤温泉的得名，有一个美丽动人的传说。相传很久以前，有一个名叫慧通的大师来到庐山云游，只见这一带白骨露野，草木枯黄，山泉哑然，有乡人告诉大师后山沟有一条黄龙逞凶肆虐。话未说完，只见乌云骤起，暴雨倾盆，洪水浸地，一条黄龙从后山跃起，腾空揽云，爪踏三溪，慧通大师怒从心中起，举起驯龙宝剑，猛砍过去，只见轰然一声巨响，后山断成两半，黄龙被镇于山底。瞬间，万物复苏，草木芳菲，山泉吐玉，群鸟齐鸣，人们便将后山称为"黄龙山"，把"黄

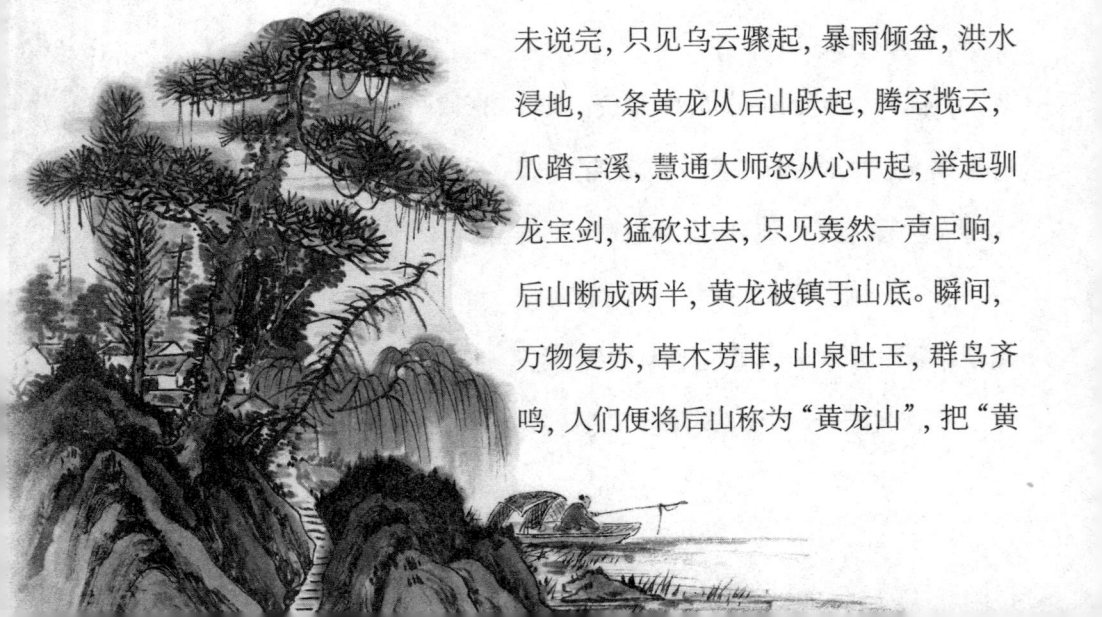

龙山"下自地表涌出的四季常温、百年不竭、祛病消炎的神水称为"黄龙温泉"。

（三）安宁碧玉泉

1.简介

被誉为"天下第一汤"的云南安宁温泉古称碧玉泉，位于昆明西郊，距城39千米，沿途孔雀杉苍郁染黛，修竹飘洒流翠。泉区周围，群山环绕，林木葱翠。温泉区内，街道整洁，恬静舒适。温泉水自螳螂川峡谷东岸的石灰岩壁下涌出，较

大的天然泉眼有9处，每昼夜涌水量为千余吨，最大时可达万吨左右。泉水清澈碧透，水质柔滑优良，属弱碳酸盐型温矿泉水，水温在40℃—45℃，可浴可饮。浴则可治多种疾病，尤其对皮肤病、关节炎和慢性胃病患者疗效甚佳；饮则可沏茶煮茗，温醇可口，风味独特。故明代学者杨慎评价此泉水"不可不饮"。

2.历史文化

相传安宁温泉发现于东汉。这里火龙寺碑记上曰："东汉建武丙辰年间，有名将苏文达随伏波将军马援南征交趾，其后回朝，道经滇省，因瘴气不能进，乃止于是。偶与乡人游，见山中白气腾腾，始知为温泉，于是召工开辟，遂成名胜。"安宁温泉见于记载，是在元代。据《元混一方舆胜览》"安宁州"条载："云南诸郡，汤池十七所，惟安宁州者最。石色如碧玉，水清可鉴毛发，虽骊山玉莲池远不及。"

第一个把安宁温泉称为"天下第一汤"的是明朝名士和诗人杨慎，他在《浴温泉序》中赞叹云南温泉众多，"以安宁之碧玉泉为胜"，并为这个温泉归纳了七大特色："滇池号曰黑水，虽盈尺不见底，而此特皓镜百尺，纤介毕呈，一也；四山壁起，中为石门，不烦瓷甓，二也；浮垢自去，不待撋拭，三也；苔污绝迹，不用掏渫，四也；温凉适宜，四时可浴，五也；掬之可饮，尤发苔颜，六也；蠡酒增味，治疱省薪，七也。虽仙家三危之露，佛地八功之水，可以驾称之，四海第一汤也。"

不愧是"仙家三危之露,佛地八功之水"。明代的旅行家、地理学家徐霞客亦推此泉为第一。明崇祯十一年 (1638年),他详细考察了碧玉泉后在当天的游记中记述道:"余所见温泉,滇南最多,此水实为第一。"安宁温泉名扬天下,对温泉的题赞如"水之圣""城外华清""春回太液""太和元气""胜地名泉"等,不可胜数。

(四) 承德热河温泉

热河泉位于承德避暑山庄内湖区的东北隅,湖畔立一块自然石,上刻"热河泉"三个大字。这里是热河泉的源头,清澈的泉水由地下涌出,流经澄湖、如意湖、上湖、下湖,自银都南部的五孔闸流出,沿长堤汇入武烈河。因此1933年泉旁曾树一碑,上刻"热河"两字,被当做世界最短的河而列入《大英百科全书》，一时扬名于世。然而，正确地说，它只是一个泉，而非河。所以，1979年正式定名"热河泉"。

热河泉的水温只有9℃—11℃，但仍高于当地的年平均气温（8.8℃），所以，它仍不失为温泉。热河泉虽含有较高的碳酸钙、碳酸镁，但矿化度很低，饮用甘甜可口，水中还含有少量可溶性二氧化碳，饮后清凉爽口，可谓天然汽水。此外，含有微量的氟，可使牙齿洁白无龋；含有低量硼酸，又有消炎防腐之效。

热河泉四季不同的景致构成一幅幅美妙的画面。春天，因澄湖位于泉水源头，湖水清澈见底，游鱼往来，悠然自得。夏天，浮萍点点，铺满水面，泛起阵阵清香。乾隆皇帝遂在澄湖北岸修了一处建筑：萍香泮。秋天，泉水融融，水温较高，节令过了白露、霜降，湖中种植的重台、千叶等品种的荷花，仍然"翠盖临波，朱

房含露，流风冉冉，芳气竟谷"。康熙皇帝遂在泉南建了"香远益清"。冬天，银装素裹，唯此处碧水涟漪，云蒸霞蔚，春意盎然。夏季，此处清泉细波，涟漪轻泛，倒影乱真，游人临此，无不叹为胜景。无怪乎康熙皇帝叹为观止："名泉亦多览，未若此为首。"

（五）阿尔山温泉

位于内蒙古自治区科尔沁右翼前旗西北部、大兴安岭的崇山峻岭之中，蒙古语"阿尔山"意为"圣水"。温泉泉区方圆仅1平方千米，在南北长500米、东西宽70多米的范围内密密匝匝分布着48个泉眼。分冷泉、温泉、泉、高温泉4种，泉水最低温度1.5℃，含有放射性元素氡以及氯、镁、硫、硅等十几种元素。矿泉水对多种疾病有良好疗效，各泉水温度不同，含氡量及其他化学成分也不同。对于多种疾病有良好疗效，特别是对风湿性关节炎、增生性关节炎、类风湿、牛皮癣等疾病有特殊疗效。

阿尔山海拔1000余米，空气清新，夏日阳光充足，凉爽宜人，是避暑胜地。阿尔山温泉构筑在绿树鲜花丛中，远山近舍，浓淡相宜，宛如一幅水墨画。晶莹澄澈的泉水汩汩而出，久旱不涸。有的相隔咫尺，有的相距数丈，温差却大得叫人不敢相信。冷泉只有1℃，温泉不凉不热，高热泉则像滚沸的开水，终年升腾着热气。矿泉的排列形状也极为有趣，状如一个南北躺卧的人体形，有"头泉""五

脏泉""脚泉"，里面细看还能分出"眼泉""胃泉"等。人们传说，不同部位的泉水对治疗人体相应部位的器官病变，有着神奇的疗效。

（六）福州温泉

福州温泉区域广阔，出露带面积约占全市面积的七分之一，有名的温泉就有八处之多。福州温泉得天独厚，其数量之多、水质之佳，自古就有"福州温泉甲东南"之誉。早在宋代所编的《三山志》（福州又称三山）中，就已对福州温泉的出露情况、特点、水温进行了描述："地多燠泉，数十步必有一穴，或迸河渠中，味甘而性和热，胜者气如硫磺，能熟蹲鸥，旱涝无增减。"

福州温泉早在北宋时就已被开发利用，全盛时全城共有大小浴池40多家，分为"官汤""民汤"。福州温泉温度高（一般在40℃—60℃，最高可达98℃），水压大，水质纯净，无色无味。泉中含有钠、钾、氯、氟及微量元素钼、镓、钛等，对治疗皮肤病、风湿性关节炎、神经痛等疗效甚佳。

（七）河北平山温泉

坐落于平山县西20千米处的温塘村，有一处含氡量很高的温泉。此处岗峦起伏，草木繁盛，风景优美。平山温泉开发历史悠久。相传汉武帝久治不愈的疮疾就是经过此处温泉的洗浴才得以痊愈。汉武帝为此敕封此温汤为"宝泉神水"，并建温泉寺。据《平山县志》称，此处温泉最晚在隋代就已开发，亦有"望之黝黑，掬之洁白，浴之可以疗皮肤癣疥之疾"的记载。据测试，温泉水温69℃，含有30余种矿物元素，尤其是放射性元素氡的含量较高，对风湿性关节炎、神经衰弱、皮肤病等疗效显著。

平山温泉尤以"桃花水"著称，每年

阳春三月是洗"桃花水"的时节，有"一日桃花浴，三生无炎凉"的美誉。方圆百里的人们怀着对幸福生活的希冀和对温塘美景的眷恋来这里沐浴"桃花水"。此时温泉对皮肤病的疗效最显著。平山温泉有一大特点，刮东风时水温就高，刮西风时水温就低，即使在同一天，刮东风比不刮风水温也高2℃—3℃。水中的特有物质硫酸氩钠氡，温度越高分解得越充分，疗效越显著。阳春三月暖气东来，桃花盛开，泉水的温度明显高于秋冬两季，"桃花水"就成为温泉水的上品。

（八）北京小汤山温泉

位于北京市昌平区东小汤山镇内，小汤山温泉出露在元古界雾迷山组灰岩裂隙中，水温大部分在40℃—60℃，最高可达76℃。温泉水中含有多种矿物质和微量元素，它外观淡黄清澈，水质甘秀甜美，含有锶、锂、硒、偏硅酸等多种与人体生理机能有关的矿物元素。

小汤山的地热温泉历史悠久，享有盛名，温泉水的利用可追溯到南北朝，郦道元在《水经注》中的记载，距今已有1500多年的历史。据传，辽代，萧太后曾留香于小汤山的温泉。自元代起，小汤山温泉被辟成了皇家园林，为历代封建帝王专有的享受。明武宗曾留下"沧海隆冬也异常，小池何自暖如汤。融融一脉流股筋，不为人间洗冷肠"的诗句。清朝时康熙、乾隆皇帝在小汤山修建了行宫，并御笔题词"九华兮秀"。晚清慈禧太后曾多次到汤泉行宫洗浴。

六、怪泉之趣

　　在神州大地上，不仅有众多的冷泉、温泉，还有一些离奇古怪的泉水——乳泉、盐泉、瀵泉、鱼泉、虾泉、发酵泉、水火泉、潮水泉、含羞泉、冰泉、甘苦泉、鸳鸯泉、香水泉、报震泉等，真可谓珠涌泉喷、妙趣横生，也使泉的世界呈现出多姿多彩的风貌。

(一) 喷乳泉

位于广西壮族自治区桂平县西南麓，泉池深、阔近一米，每天早、晚九点钟左右，泉水如鲜乳一样，莹白夺目，随后又渐渐地清澈透明。

喷乳泉因"泉水甘白如乳"而得名。半池碧水，清澈见底，冬不枯，夏不溢，水量稳定。据《浔阳州府志》载，此泉"清洌如杭州龙井，而甘美过之。时有汁喷出，白如乳，故名乳泉"。桂平乳泉的白色并不是水中所含矿物质成分造成的，而是交融于水中的极细的小气泡，与地下水出露于地表时所呈现的视觉效果。化验表明，构成乳汁气泡的气体系惰性气体——氡。桂平西山由庞大而坚硬的花岗岩岩体构成。存于花岗岩裂隙壁上的氡气进入流动的地下水，形成气水混合物泄出，使泉水跳珠走沫，呈现出色白如乳的汁来。但由于受岩石裂隙系统制约而

生成的氡数量有限，不能连续地进入地下水中，所以"喷汁"历时较短，只能"时有发生"。

（二）含羞泉

位于四川广元龙门山上，当地群众称为"缩水泉""仙女池"。只要把一块小石头往泉水里一扔，泉水受到回声与波震的影响，就会缓慢地缩回去，水面降低，就像一位见了生人而脸红的姑娘一样，立即羞羞答答地躲起来。过一会儿，泉水又

慢慢涌出，由细变粗。

相传很久以前，玉帝派七仙女下凡制伏为非作歹的恶龙，还当地一片清净。仙女们为沐浴净身，便于薄山峡劈了一池，为防人偷看，便用薄石板将水池拦了起来，仙女们沐浴嬉戏时，池水四溢，一有响声，就静止不动，水就缩回去了。其实，含羞泉的成因是因为岩石间的微孔细缝如千千万万的毛细管，将地下水吸出地表而会聚成泉，当遇有响声振动产生压力，水便被顶了回去，响声消失压力不存在时，水就又流出来了。

（三）发酵泉

位于四川丹巴县境内远尔村附近，露于边尔河北侧的溪沟底。方圆数十里的居民经常来这里取水，和面烙饼、蒸馒头，既不用发酵，也不必用碱□和，蒸出的馒头与通常方法蒸出的毫无两样。故当地人称此泉为"神泉"。

"神泉"从泥盆纪地层的一条小断层中涌出，水温17℃。泉水溢出时，伴有串串气泡。无疑，水中溶解有大量气体。化验分析表明，气体中含有大量的二氧化碳和少量的氮、氧。二氧化碳是深部岩石在高温下变质的产物，又处于高压环境，故二氧化碳大量溶于水中。泉水之所以能够用于发面蒸馒头，完全是溶于水中的二氧化碳等气体受热膨胀的结果。

(四) 水火泉

位于台湾台南县白河镇东约8千米的关子岭北麓。泉水从黝黑的岩石缝中涌出，水温高达84℃，水色灰黑，水味苦咸。有道是"水火不相容"，然而这里的泉水流进一个小池里，滚滚如沸，浓烟从水中腾起，高三四尺，只要在水面上点燃一根火柴，火焰就能从水中燃烧。因为该泉有水中出火的奇观，水火同源，人们称它为水火泉。泉水之所以能够点燃，是因为地下水中含有可燃性气体成分。关子岭温泉所在的地层，分布着含油气的泥质岩层，在地热条件作用下，不断产生着主要成分为甲烷的天然气。与地下水"合二为一"

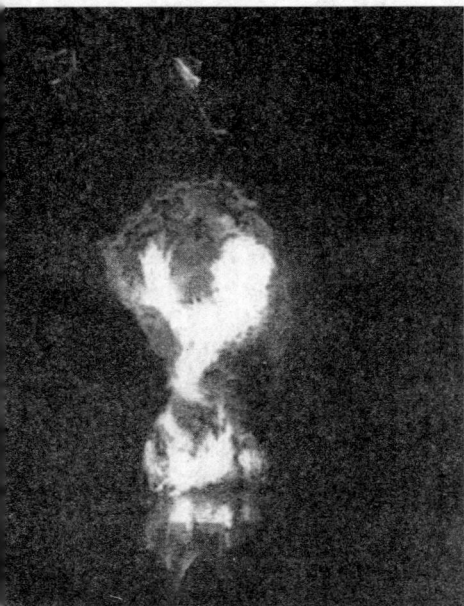

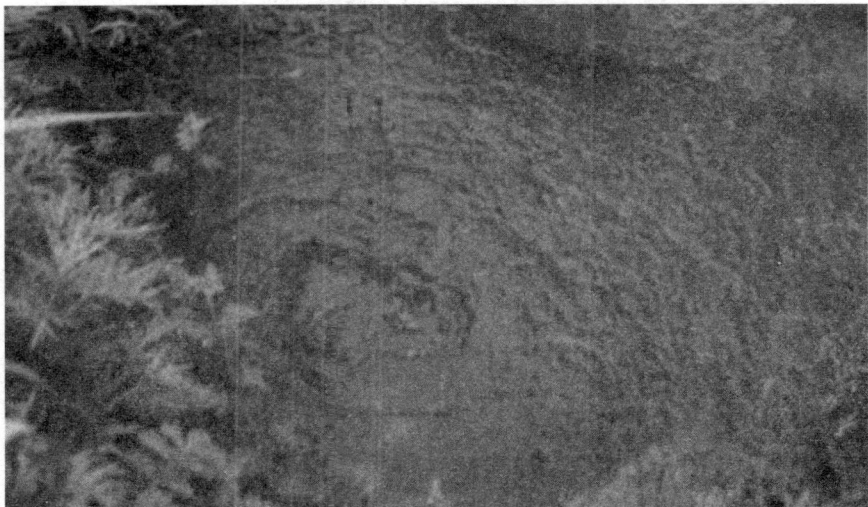

的甲烷，和地下水一起迁移，而后沿着大断层上升到地表。含甲烷的地下水露出地表后，因压力条件发生了变化，甲烷自水中逸出。由于甲烷无色易燃，故在着火时呈现出水火相容的奇观。

（五）潮水泉

潮水泉又称报时泉，水文地质学上称为间歇泉，如大海的潮汐，来去有时，趣味盎然。如湖南省花垣县民乐镇苗寨里有一口一日三潮的神奇泉。每天清晨、

中午和傍晚三个时段，一股水柱从泉眼中冲天而起，响声如雷贯耳，颇为壮观。持续时间一般为50—80分钟，过后水柱才慢慢平息下来，复变为涓涓细流。更为奇异的是，此泉还能准确地为当地苗族人民预报天气。如果此泉涨潮时间突然推迟，或一天数潮，同时持续时间短，那么过几天就会下大雨或暴雨；如果每天按规律涨潮，则说明天气变化相对稳定，晴雨相宜，风调雨顺。故当地人又把这个潮水泉称为"气象泉"。此类的潮水泉在湖南、云南、江西等地都有。

（六）鱼泉

位于江西武宁县宋溪乡山口村，高1.5米，宽2米，人弯着腰可以进去十多米，然后渐小。这个泉洞四季流水不干，有趣的是，泉洞里平时见不到一条鱼，可是到了五六月间就有成群的鱼涌出，每次出洞以后，结伴嬉戏两三个小时，游一段路程就

不再往下游了，然后掉头逆水而上，返回
洞中。此外河北、四川、湖南等地都有"泉
涌鱼飞"的鱼泉景象。

（七）虾泉

位于广西南宁市西北120千米的右江
北岸，平果县城西虾山脚下，有一泉口，离
江边很近，清澈明净的泉水注入右江。
每年农历三四月夜深时，密密匝匝的虾群
云集右江水和泉水汇合处以上的浅水洼

里，争先恐后地逆水奋进。被泉水冲下来的虾又会再三冲锋，勇往直前。那些冲上泉口的虾便以胜利者的姿态，悠哉悠哉地进入泉水深处，不再出现了。

这里虾的奇特习性是"江里生泉里养"，右江是"老家"，虾泉为"别墅"。当地村民在应时季节的夜间在泉口安一个虾笼，经过两三个小时的"守笼待虾"，便可不"捞"而获十几公斤"战利品"。

（八）盐泉

位于四川巫溪县大宁河西岸的宁厂镇猎神庙前。此泉所出之水极咸，含盐量很高，故名"盐泉"。

据史料记载，东汉时期，盐泉就已被开发利用。当时，除了用"铁牢盆"（铁锅）煎盐外，还在大宁河龙门峡西岸的峭壁上，修建了一条长达百余千米的栈道，用楠竹相接铺成管道，将盐泉之水引到巫山县大昌镇去煎煮。东汉以后，历代都用盐泉之水煮盐。

盐泉形成的原因，是由于地下水在活动的过程中，遇到了含有大量氯化钠的岩层，氯化钠被地下水溶解后，就形成了盐度很高的"盐泉"，其浓度往往高于海水，水味极咸。这些咸水通过岩石裂隙或断层涌出地表，就形成了奇异的盐泉。

此外，还有以下一些奇泉怪泉如：

笑泉：安徽巢县、无为县各有一笑泉，当游人不声不响而过，泉水澄静如常；游人喧哗而来，泉水涌沸翻滚，哗然如笑声，故称"笑泉"。

喊泉：位于安徽寿县以北。当有人站在泉边大声叫喊时，泉水就会大股涌出；如果小声叫喊，泉水则小股涌出。

冰泉：陕西南曰有一口井泉，深数丈，水落入井底立刻成冰，一年四季如是。

甘苦泉：河南焦作太行山南麓，有一对并列的泉眼，间距仅1尺左右，但流出

的泉水味道却一苦一甜，迥然不同。

鸳鸯泉：湖南湘西洞口县桐山乡有一对并列泉，相距不到3米，一侧为40℃的热水温泉，另一侧却为不到20℃的冷泉，人们称二泉为"鸳鸯泉"。

报震泉：新疆腾格里沙漠深处有一口鸣泉，每当地震前夕，就会发出声似短笛的鸣叫声，几里之外都能听到，当地人称报震泉。

香水泉：河南省睢县城南有条地下流泉，带有槐花香味，醇香绵长，人称槐花水。